BESTSELLER

Bernard Roth es profesor de Ingeniería de la Universidad de Stanford y director académico y uno de los fundadores del Instituto de Diseño Hasso Plattner de la misma universidad. Este centro, conocido como d.school, es pionero en educación interdisciplinar y referencia mundial en el terreno de la innovación. Roth, especialista en cinemática y robótica, fue también uno de los impulsores ya desde los años ochenta del célebre Taller de creatividad, abierto a estudiantes, profesores y profesionales de todo el mundo. Sus enriquecedoras enseñanzas y métodos de aprendizaje se trasladaron también a los alumnos de la d.school y ahora pretenden llegar al gran público a través de las páginas de este libro, *El hábito del logro*.

BERNARD ROTH

EL HÁBITO DEL LOGRO

Deja de soñar, empieza a actuar
y toma el control de tu vida

DEBOLS!LLO

El papel utilizado para la impresión de este libro ha sido fabricado a partir de madera procedente de bosques y plantaciones gestionadas con los más altos estándares ambientales, garantizando una explotación de los recursos sostenible con el medio ambiente y beneficiosa para las personas.

El hábito del logro
Deja de soñar, empieza a actuar y toma el control de tu vida

Título original: *The Achievement Habit*

Publicado por acuerdo con HarperCollins.

Primera edición en Debolsillo: mayo, 2024

D. R. © 2015, Bernard Roth

D. R. © 2024, derechos de edición mundiales en lengua castellana:
Penguin Random House Grupo Editorial, S. A. de C. V.
Blvd. Miguel de Cervantes Saavedra núm. 301, 1er piso,
colonia Granada, alcaldía Miguel Hidalgo, C. P. 11520,
Ciudad de México

penguinlibros.com

D. R. © 2016, Elena Preciado, por la traducción
Adaptación de la portada original de Thomas Both y Nina LoSchiavo: Penguin Random House
Fotografía del autor: © Bill Moggridge
D. R. © Rolf Faste, por las ilustraciones de las páginas 92 y 93
D. R. © David Kelley, por la ilustración de la página 102
D. R. © Thomas Both, por todas las demás ilustraciones

Penguin Random House Grupo Editorial apoya la protección del *copyright*.
El *copyright* estimula la creatividad, defiende la diversidad en el ámbito de las ideas y el conocimiento, promueve la libre expresión y favorece una cultura viva. Gracias por comprar una edición autorizada de este libro y por respetar las leyes del Derecho de Autor y *copyright*. Al hacerlo está respaldando a los autores y permitiendo que PRHGE continúe publicando libros para todos los lectores.

Queda prohibido bajo las sanciones establecidas por las leyes escanear, reproducir total o parcialmente esta obra por cualquier medio o procedimiento así como la distribución de ejemplares mediante alquiler o préstamo público sin previa autorización.
Si necesita fotocopiar o escanear algún fragmento de esta obra diríjase a CemPro (Centro Mexicano de Protección y Fomento de los Derechos de Autor, https://cempro.com.mx).

ISBN: 978-607-384-511-3

Impreso en México – *Printed in Mexico*

ÍNDICE

Introducción: gatos de ojos amarillos	11
1. Nada es lo que piensas	25
2. Las razones son basura	49
3. Desbloquéate	73
4. Busca apoyo	105
5. Hacer es todo	115
6. Cuida tu lenguaje	137
7. Hábitos grupales	159
8. Diseño de autoimagen	201
9. El panorama general	229
10. Haz que triunfar se convierta en un hábito	249
Agradecimientos	265
Notas	271
Bibliografía en español	279
Bibliografía en inglés	281

A la memoria de Rolf Faste y Bill Moggridge

Introducción:
Gatos de ojos amarillos

La idea de Paddy no era la más atrevida de la clase.

Si lo conocieras por primera vez, pensarías que viene de un contexto militar por su postura: estoico y un poco intimidante. De los siete a los dieciocho años estuvo en un internado en Irlanda del Norte y después se unió a la marina, donde sirvió diez años.

La vida civil le daba miedo, y después de dejar la milicia rápido buscó la seguridad de un empleo dentro de una gran compañía con un horario riguroso. Era periodista, así que viajaba por el mundo, encontrando trabajos en lugares como la BBC y CNBC. "Soy algo así como un hombre de empresa", me diría después.

Cuando lo conocí estaba en la Universidad de Stanford con una beca de un año en periodismo. Tomaba una de mis clases, "El diseñador en sociedad" (*The Designer in Society*), la cual alienta a los estudiantes a examinar y tomar control de sus vidas. He sido profesor de ingeniería en Stanford durante cincuenta y dos años. A lo largo del camino, conocí muchos ingenieros que alguna vez soñaron con iniciar su propia compañía, en vez de eso terminaron trabajando en alguna empresa en Silicon Valley y nunca dieron ese gran paso para convertir sus sueños en realidad. Sólo un pequeño porcentaje siguió adelante, haciendo lo que quería de su vida, y yo esperaba encontrar algo para cambiar eso. Tener talento y buenas ideas sólo es una parte de la ecuación. El siguiente paso (el más difícil) es el *hacer*, el tomar la responsabilidad de diseñar el éxito en tu propia vida.

En 1969, fundé mi clase "El diseñador en sociedad" como una manera de alentar a los estudiantes a pensar de forma diferente sobre cómo lograr metas en su vida. También lo hice para evitar que pensaran con tristeza en las posibilidades y comenzaran a *actuar*.[1] Mientras desarrollaba el curso, usé principios que ahora llamamos "pensamiento de diseño" o "*design thinking*" (un gran concepto que abarcaremos después), así como una serie de ideas y ejercicios muy útiles para ayudar a atravesar los muros que nosotros mismos levantamos.

La idea central del curso es un proyecto a largo plazo que cada quien selecciona: los estudiantes deben realizar algo que siempre hayan querido y nunca lo hayan hecho o lidiar con algo que represente un problema en sus vidas. Me dispongo a discutir sus decisiones y enfatizo que es su proyecto, que lo deben hacer por ellos, no por mí. A fin de cuentas, ellos eligen en qué proyecto trabajar. Yo no decido si tienen la habilidad suficiente o no, sólo evalúo el hecho de empezar a hacer lo que dicen que harán. Si lo terminan, pasan. Si no, reprueban.

Una de las lecciones más importantes que aprenden los alumnos es ser honestos con ellos mismos, en verdad honestos. Mientras más consciente estés, más feliz serás, y al entender mejor tus motivaciones e identidad puedes investigar cómo diseñar tu vida para estar más satisfecho y pleno.

Paddy profundizó mucho y se dio cuenta de que, a pesar de prosperar en cada institución donde estuvo, nunca había sido feliz en realidad. En parte se debía a que tenía una relación conflictiva con la autoridad y con las organizaciones de las que formó parte. Buscó eso porque era lo único que conocía, al final se resintió y rebeló contra esa vida porque quería algo que fuera más satisfactorio. Cuando reconoció y aceptó este hecho, fue capaz de usar este conocimiento.

Como proyecto, Paddy decidió producir su propio programa de radio.

Cuando comparó su idea con la de otros no estaba seguro de que cuadrara muy bien. Después de todo, teníamos estudiantes haciendo cosas que parecían más emocionantes (aventarse en paracaídas de un avión), creativas (construir un cohete), o ambiciosas (convertir sus cuerpos en máquinas y prepararse para su primer triatlón).

Para Paddy un programa de radio era un proyecto de gran importancia, y le tomó un tiempo darse cuenta de por qué estaba tan metido en eso. Fue reportero de radio, pero nunca productor. Por primera vez en su vida haría algo con sus propias ideas, sin supervisión. Era una decisión atrevida, similar a comenzar su propio negocio.

Ahora doy mi clase en uno de los centros líderes de innovación en el mundo: el Instituto de Diseño Hasso Plattner (*d.school*) en la Universidad de Stanford. Soy el director académico y uno de sus fundadores. La materia se volvió muy famosa, el *Wall Street Journal* la llamó "el mejor programa para graduarse" y tenemos más estudiantes inscritos a nuestras clases que asientos.[2] La *d.school* no está ligada a ningún departamento en particular, sino que atrae estudiantes y docentes de distintas disciplinas y crea un ambiente que fomenta la creatividad, innovación y colaboración.

La *d.school* les abre el mundo a los estudiantes, reta su pensamiento "automático", sus suposiciones y les muestra la vasta multitud de posibilidades que hay a su alrededor. Escribimos en pizarrones blancos, en post-its y en servilletas. Intentamos cosas. Fracasamos. Intentamos de nuevo. Fracasamos mejor. Logramos hacer cosas bien de formas en las que jamás habríamos imaginado y, en el proceso, obtenemos un mayor entendimiento sobre nosotros y los demás.

A lo largo de los años, muchos de los que tomaron mi curso aprobaron la materia y consiguieron un éxito significativo en sus vidas (personal y profesional). He realizado talleres alrededor del mundo basados en conceptos adquiridos en las clases. Darte cuenta de que tienes más control del que alguna vez creíste sobre lo que puedes lograr en la vida... otorga mucho poder. Cuando no estás feliz con algo de tu vida, ¡cámbialo! En verdad, puedes hacerlo.

En mi clase, los alumnos han diseñado y construido instrumentos musicales, muebles, vehículos y ropa. Escribieron libros, poesía y música. Volaron o saltaron de aviones, hicieron *stand-up*, manejaron autos de carreras. Aprendieron a cocinar, soldar, técnicas de barista, nuevos idiomas y salvar vidas. Corrieron maratones, perdieron peso y desafiaron a la naturaleza.

Uno de los proyectos más inspiradores que vi desarrollarse fue el de un estudiante llamado Joel: se reconcilió con su padre dos meses antes de que muriera de forma inesperada por un aneurisma aórtico. Treinta años después todavía puedo sentir las lágrimas de felicidad llenando mis ojos cuando me encuentro con Joel, su esposa o sus hijos.

El padre de otra estudiante, Cyndie, siempre le prohibió andar en motocicleta porque él había sufrido un terrible accidente cuando era joven. Como es natural, Cyndie quería aprender. Decidió comprar una moto y aprender a manejarla como parte de su proyecto. Varios meses después de mi clase, Bill, uno de sus antiguos instructores de dibujo estaba parado frente a su despacho de diseño en Palo Alto. Ella pasó con su motocicleta y le preguntó si quería dar un paseo. Se subió pensando que le darían una vuelta a la cuadra. Cuarenta y cinco minutos después llegaron a la playa. Eso fue hace veintiocho años. Ahora tienen tres hijos.

Otra mujer de mi clase superó su miedo al agua y aprendió a nadar. Algunos meses después la encontré, me dijo que estaba aprendiendo italiano porque, después de superar el primer reto en mi clase, se sentía con más poder. Años más tarde, consiguió certificados que le permitieron cambiar el curso de su carrera, todo gracias a la inspiración que obtuvo al desarrollar su hábito de triunfar.

Ella y otros estudiantes demostraron, no sólo en clases sino en sus vidas después de graduarse, que el éxito se *puede* aprender. Es un músculo y cuando aprendes a moverlo no hay límites para lo que puedes lograr en la vida.

Una de las cosas que más me gusta hacer con los grupos, es pedirles que piensen quién los detiene para lograr las cosas que quieren. Siempre es entretenido escucharlos mientras explican cómo sus padres, pareja, hijos, jefes, quien tú quieras, evitan que cumplan sus metas. Estos obstáculos percibidos son simples excusas, en casi todos los casos, cuando lo piensas bien, eres tú saboteándote.

Sí, algunas veces hay obstáculos externos reales, aunque la mayoría de las personas no se dan cuenta de que tienen la fuerza para superarlos. Una vez entrevisté a una aspirante para empleo que me contó su encuentro con piratas cuando ella y su novio navegaban alrededor del mundo. El bote estaba anclado en las costas de Indonesia y ella tomaba el sol mientras él estaba en la ciudad. De repente escuchó un ruido y vio a varios hombres armados subiendo al barco. Le apuntaron y le pidieron dinero. Vulnerable y sola, sin dinero para darles, mantuvo la compostura y los convenció de que la leche en polvo era un valioso sustituto del dinero. Recurrió a los instintos paternales de los hombres, sabía que la leche era difícil de conseguir y probablemente la necesitaban con desesperación para sus hijos. Aceptaron la leche con gratitud y se marcharon sin hacerle daño. Después de escuchar su singular solución y admirando su lucidez, la contraté de inmediato.

La mayoría de las veces no hay piratas. Simplemente nosotros nos detenemos. Para demostrar esto en mi clase, le pido a un voluntario que pase al frente del salón. Entonces, sostengo una botella de agua (o cualquier otro objeto) y le digo: "Por favor, intenta quitármela". El voluntario primero la jala con indecisión, porque soy mayor y me veo débil. Después, cuando se da cuenta de que la tengo bien sujeta, lo hace con más fuerza. Por último, le pido que deje de intentar.

Luego le pido que escuche con atención mis instrucciones. Esta vez digo: "Por favor, *quítame* la botella". Lo que sigue es en esencia la misma acción de antes, sólo que con mayor fuerza y tal vez añadiendo algunos giros. A veces, el voluntario decide cambiar la táctica y me pide que se la dé por favor. Me niego.

Al final pregunto: "¿Tienes algún hermano o sobrino pequeño?" Entonces le pido imaginar que soy esa persona, ambos somos niños y no hay adultos cerca. Incluso le digo que imagine que la situación se volvió muy molesta y ya es momento de quitármela. Después, repito la instrucción: "Por favor, *quítame* la botella".

Los participantes que entienden lo que digo, sólo la toman rápidamente de mi mano, sin darme tiempo a oponer resistencia. Su intención de tomar el objeto me ha vencido. Manifiestan una intención dinámica y fluida de *hacer*, que contrasta mucho con *intento* estático previo de hacerlo. Mejor aún, al tomar el objeto aplican menos fuerza que antes.

Empleo este ejercicio para demostrar que cuando *actúas*, usas *poder*; cuando *intentas*, usas *fuerza*. En la vida, si quieres conseguir algo, es mucho mejor ser poderoso que fuerte.

Claro que hacer ese cambio en la vida real no es tan fácil. Todos hemos experimentado el pensar en algo que queremos hacer y después no lo hacemos. Sólo por mencionar algunos ejemplos digamos: propósitos de año nuevo, ejercicio, fidelidad, fechas de entrega y hábitos de trabajo. Para cambiar, primero debemos entender nuestro comportamiento. El modelo clásico (la sabiduría popular) dice que primero pensamos y después actuamos conforme a lo que pensamos. De manera curiosa, esto no sucede en las pruebas clínicas.

Los médicos decodificaron patrones locales de las señales de resonancia magnética en varias regiones del cerebro. Al hacerlo, demostraron que el cerebro puede mandar señales motoras para una acción *antes* de formar de manera consciente los pensamientos necesarios para llevar a cabo dicha acción. Es decir, haces lo que haces y después generas la razón para hacerlo. La mayoría de nuestras acciones son resultado del hábito, más que del raciocinio. Esto nos lleva a una pregunta: ¿Cómo unes la brecha entre *intentar* y *hacer*? ¿Entre hablar sobre algo y llevarlo a cabo? Y al final, ¿entre fracasar y tener éxito?

En este libro encontrarás historias, consejos y ejercicios diseñados para ayudarte a generar experiencias diferentes en tu vida (ellas son el verdadero profesor). Cuando fundamos la *d.school* en Stanford, estábamos decididos a crear experiencias donde los estudiantes lidiaran con gente real, resolvieran problemas verdaderos e hicieran una diferencia. Los resultados han sido muy gratificantes. Los alumnos obtienen un sentido de propósito, experiencia y motivación intrínseca. Ocurre algo mágico: la calificación ya no es un motivador útil o significativo. La motivación intrínseca toma el control... y el trabajo es su recompensa.

Al final del libro, como lector entenderás:

- Por qué *intentar* no es suficiente.
- La diferencia entre *intentar* y *hacer*.
- Por qué las excusas, incluso las verdaderas, son contraproducentes.
- Cómo cambiar tu autoimagen por la de un emprendedor y triunfador (y por qué es importante).
- Cómo unos ligeros cambios de lenguaje pueden resolver dilemas existenciales y quitar los obstáculos para la acción.
- Cómo generar resistencia al reforzar lo que haces (tus acciones) en vez de lo que logras, de esta forma te puedes recuperar con mayor facilidad de los contratiempos temporales.
- Cómo guiarte para ignorar distracciones que evitan que triunfes en tus metas.
- Cómo estar abierto para aprender de tu propia experiencia y la de otros.

La mente es más astuta de lo que pensamos y siempre está jugando con nuestros egos para sabotear nuestras mejores intenciones. Así es la condición humana. La buena noticia es que, si lo decidimos, podemos ser conscientes en controlar nuestras intenciones para crear hábitos que mejoren nuestras vidas.

Las ideas de este libro se basan en la tradición del pensamiento de diseño. Mientras otros han usado sus principios en la innovación organizacional y el cambio,[3] yo elegí enfocarme en la transformación personal y el empoderamiento. La *d.school* de Stanford es pionera en el movimiento del pensamiento de diseño. Como uno de sus fundadores, he atestiguado un gran interés por parte de todos los sectores de la educación, la industria y el gobierno.

El maravilloso libro *The Adjusted American*, un texto de sociología que ahora es un poco obsoleto, intenta explicar la neurosis diaria del estadounidense promedio.[4] En él hay una gran historia sobre el hijo de tres años del autor. El niño sólo había conocido dos gatos, ambos siameses, una raza de ojos azules. Un día apareció un gato persa y el niño se inclinó en la banqueta para verlo mejor. De repente se levantó y entró corriendo a su casa gritando "¡Vi un gato con ojos amarillos mamá! ¡Un gato de ojos amarillos!"

Encontrar una raza diferente de gatos cambió una pequeña parte de la visión del mundo de este niño. De igual manera, no sabemos cuánto de lo que conocemos está basado en muestras limitadas de la realidad. Mi esperanza es que este libro traiga gatos de ojos amarillos a tu mundo.

Gatos de ojos amarillos llegaron al mundo de Paddy. Antes de la clase, no había pensado en sí mismo como un innovador o un creador, había sido oficial de la marina y le iba bien como periodista, aunque nunca había tenido algún avance en sus metas personales que fuera producto de su propio trabajo. Sólo era bueno siguiendo caminos que otros habían creado. En mi clase aprendió a no retroceder ni procrastinar cuando surgía una nueva idea, sino a actuar. Ese pequeño entendimiento que llamamos preferencia a la acción (y discutiremos más tarde) cambió su visión del mundo y lo empujó hacia diferentes caminos en los últimos dos años. Hizo los prototipos y produjo varias novedades para el programa de radio *Marketplace*, publicó un libro sobre economía (*Man vs Markets*), terminó una novela que había abandonado y comenzó a construir su propio negocio.

Hoy, después de tres años de haber dejado la *d.school*, Paddy está dando otro giro de 180 grados: de la seguridad de ser un empleado al gran espacio abierto de ser su propio jefe. Una parte de él grita de terror por esta idea y la otra (la que canaliza lo que aprendió en clase) le dice que siga paso a paso, haga los prototipos de sus ideas y confíe en sí mismo y en el proceso del pensamiento de diseño.

Puedes hacer lo mismo. Conforme vayas leyendo, descubrirás cómo ser más eficaz para resolver problemas, cómo estar más concentrado en las cosas que importan y más satisfecho con tu vida. Este libro te abrirá los ojos y verás el poder que tienes para transformar tu existencia. Te dará la confianza para hacer las cosas que siempre has querido mientras te deshaces de problemas que te impiden alcanzar tu máximo potencial. Y la *experiencia* de tomar el control de tu vida cambiará tu realidad, haciendo posible triunfar en casi cualquier cosa que quieras.

UNA NOTA SOBRE EL PENSAMIENTO DE DISEÑO

A todo esto, ¿qué es el pensamiento de diseño?

El pensamiento de diseño es un conjunto de prácticas generales efectivo para resolver retos de diseño. Un grupo de nosotros lo ha desarrollado a lo largo de los años. Un reto de diseño se aplica a cualquier tipo de producto o experiencia. No sólo se trata de cómo construir una mejor trampa para ratones (aunque es parte de eso), sino de cosas que no son físicas, por ejemplo: mejorar la espera en un parque de diversiones, limpiar una autopista, conseguir comida de manera más eficiente para la gente necesitada, mejorar las citas por internet y demás.

El pensamiento de diseño es un concepto amorfo. Recibió su nombre cuando David Kelley (otro profesor de Stanford y cofundador de IDEO) intentó explicar que los diseñadores exitosos tenían una mentalidad y un enfoque diferente al del resto de las personas. En la *d.school* adoptamos y adaptamos este nuevo concepto… y la idea despegó como un cohete. De repente todos hablaban del pensamiento de diseño, algo que había practicado durante medio siglo sin tener un nombre apropiado.

Es difícil dar una definición exacta para el pensamiento de diseño, pero como soy uno de sus "inventores" seguro puedo darles una idea de los principios, los cuales veremos a través del libro:

1. **Empatizar.** Aquí empieza. Cuando diseñas, no lo haces en principio para ti, sino basado en las necesidades y deseos de alguien más. Ya sea que mejores una montaña rusa o la sala de espera de un hospital, la idea es preocuparse por las experiencias del usuario e investigar cómo ayudar. En este paso aprendes cuáles son los problemas.
2. **Definir el problema.**[5] Identifica qué problema vas a resolver o qué preguntas vas a contestar.
3. **Idear.** Generar posibles soluciones usando cualquier medio que te guste, lluvia de ideas, mapas mentales, bocetos en servilletas... como sea que trabajes mejor.
4. **Hacer prototipos.** Sin volverte loco por hacer algo perfecto (o algo cercano a eso), construye tu proyecto de manera física o desarrolla los planos de lo que quieres presentar.
5. **Probar y obtener retroalimentación.**

A pesar de que te acabo de dar una lista de principios, es raro que funcionen con eficacia o que sigan ese orden de manera exacta. Puede que llegues al paso 4 y te des cuenta de que necesitas regresar al 2, o repetir el 3 varias veces. Eso es parte del proceso. Otro concepto importante es que el fracaso es una parte valiosa del proceso. Franklin D. Roosevelt dijo: "Sólo debes temer al miedo en sí mismo". Yo digo: "Sólo debes temer a no aprender de tus errores".

Puedes fallar muchas veces, siempre y cuando aprendas algo y pienses en una solución.

También nos enfocamos en la acción, *hacer* en vez de pensar demasiado las cosas. En una de nuestras clases llamada "Punto de partida", el profesor te guía para empezar tu propia compañía en diez semanas, y al final de ese tiempo estarás produciendo ganancias. También puedes ir a una escuela de negocios convencional y gastar un año planeando antes de entrar en acción.

El pensamiento de diseño está muy enfocado en los grupos. Practicamos una colaboración radical, tanto profesores como estudiantes.

La diferencia entre mi trabajo y este libro es que el pensamiento de diseño se aplica por lo normal al exterior para encontrar soluciones a los problemas de otras personas en sus negocios o en un marco educativo. Tengo un especial interés en usarlo para mejorar tu vida y relaciones interpersonales, diseñando la mejor versión de ti.

Aunque mucha de mi enseñanza se basa en este marco de trabajo, no es todo. Hay muchos ejercicios en el libro que puedes intentar para ver cuál te acomoda más. Mi consejo es tomar lo que te sirva y dirigirlo en cualquier dirección que funcione. A veces pienso que alguien ha hecho un ejercicio "mal", sólo para descubrir que sacó más de lo que yo habría esperado. Soy un gran fanático de todo lo que funciona.

Con todo esto en mente, ¡empecemos!

NADA
es lo que piensas

1. Nada es lo que piensas

> *¿Cómo puedo decir lo que pienso antes de ver lo que digo?*
>
> E.M. Forster

Tu vida no tiene significado.

No te digo esto para que avientes del puente más cercano, sino de una manera más contemplativa. Empecemos por reconocer que el sentido que encontramos en las personas, objetos y en nuestras circunstancias es subjetivo. Las cosas no tienen un significado intrínseco. Tanto el comportamiento funcional como el disfuncional resultan de las decisiones que la gente hace basada en significados creados. Esto también quiere decir que tenemos el poder de alterar nuestras percepciones, corregir las que nos hunden y mejorar las que nos ayudan. Tu visión de la vida se entrelaza de manera profunda con tu tendencia al éxito. Las personas engreídas y miserables pueden triunfar y seguir siendo miserables. Eso no es éxito. El éxito es hacer lo que amas y ser feliz por eso.

Para aprender cómo obtener un mejor manejo de tus percepciones, emociones y comportamiento, es útil revisar cómo piensas.

Tú le das el significado a todo

Mike, un estudiante graduado de mi clase en la Universidad de Stanford, planeó diseñar un instrumento musical para el festival Burning Man de ese verano. El festival se lleva a cabo cada año una semana antes del día del trabajo en Black Rock Desert en Nevada. Entre sus principales atracciones se encuentran piezas masivas de arte, máquinas y estructuras creadas por los participantes. Mike obtuvo la idea de desarrollar su proyecto en mi clase porque ambos fuimos al festival. Quería construir un órgano movible que funcionara de la manera más inusual: tendría un calentador pequeño que produciría vapor, el cual pasaría a través de diferentes tubos para producir música.

El proyecto me parecía muy ambicioso, pero no desalenté a Mike porque estaba muy motivado. Nuestro acuerdo fue que vendría a verme una vez a la semana para discutir su progreso.

Las cosas no fueron de acuerdo con el plan. Al principio me visitaba de manera esporádica con excusas y poco progreso para mostrar; pronto me cansé de que ambos perdiéramos el tiempo en estas reuniones. Le dije a Mike que se olvidara de las asesorías y que me buscara sólo si me necesitaba por alguna razón, yo esperaría a ver el resultado final.

Cuando el festival comenzó fui a una hora establecida al campamento de Mike. Asistí con Adrian y Steve, dos buenos ingenieros que eran parte de mi grupo y tenían interés particular en ver el producto final. La presentación de Mike fue un desastre. Era claro que no había terminado y durante la demostración su instrumento apenas funcionó (o no funcionó para nada). Mike estaba avergonzado, yo también y Adrian y Steve sentían pena por él. Si me hubieran pedido evaluar a Mike para un empleo en ese momento, no lo habría recomendado.

Pasaron tres años. Asistí de nuevo al festival Burning Man con Adrian y Steve. Vimos el performance de danza de un grupo llamado Flaming Lotus Girls. En conjunto formaban una impresionante escultura animada llamada *Serpent Mother*, era una estructura metálica de 60 metros de largo de una serpiente enrollada alrededor de su huevo. A través de su espina dorsal corría fuego de propano en cuarenta y un torres de llamas que hacían erupción en la cima de las vértebras y aventaban flamas de seis metros. Su cabeza y garras se operaban de manera hidráulica. Los tres estábamos paralizados, igual que miles de participantes. Todos estaban de acuerdo en que era el proyecto más impresionante del festival por mucho. Observamos por un tiempo y luego seguimos caminando.

Unas horas después regresé por mi cuenta. Para ese momento los bailarines ya se habían ido, así como la mayoría de los espectadores. Tuve la oportunidad de acercarme más para ver los detalles constructivos de la *Serpent Mother*. El ingeniero mecánico en mi interior tenía curiosidad por las juntas que conectaban la cabeza móvil, y le pregunté a uno de los asistentes sobre su estructura. Me dijo que no sabía pero "ese chico que tiene los controles sabe todo". Alcé la vista y ahí estaba Mike. Caminé hacia él, sin dudarlo nos abrazamos y comenzamos a hablar.

Resultó que estaba muy activo en la organización Flaming Lotus Girls y su misión era atraer más mujeres a la cultura que mezclaba escultura, cinética, robótica, pirotecnia y tecnología electrónica. Usaban un proceso colaborativo que alentaba a los participantes a aprender nuevas habilidades y convertirse en artistas activos. Por su puesto, yo estaba muy impresionado por lo que había logrado.

Después del festival, en las ocho horas de camino a mi casa, tuve mucho tiempo para pensar en la experiencia. Recordé qué avergonzado me había sentido por Mike, por su proyecto en la clase, y pensé en qué orgulloso estaba ahora por sus esfuerzos. Basado en mi experiencia previa, no tenía una buena opinión de sus habilidades, pero si me hubieran preguntado en ese momento, no dudaría en darle una gran recomendación. Me quedaba claro que Mike no era quien yo pensaba y su historia era mucho más matizada y compleja de lo que había imaginado.

"¿Me reivindiqué?" Escribió después. Sonreí. Claro que lo había hecho.

Llegar a conocer bien a alguien puede tomar toda la vida. Las personas siempre están cambiando y evolucionando para bien y para mal. Todos somos capaces de transformarnos. No sé qué vivía Mike mientras estaba en mi clase. Suponía que era el típico estudiante que procrastinaba y no daba el valor suficiente a sus proyectos escolares. En esa época sólo era eso para mí, lo taché de holgazán por esa primera impresión. Ése era el significado que le había dado. No me detuve a pensar que tal vez había cierta grandeza en él. La lección fue clara: nada es lo que piensas. Tú le das el significado a todo.

Mi hija no tiene significado

En mi clase hago un ejercicio en el que camino alrededor del salón y pido a los estudiantes que menciones algo de sus vidas, lo que sea. Después les pido que digan: "(la cosa) no tiene significado". Con esto les demuestro que el significado no está intrínseco en un objeto o persona. Por ejemplo, durante mi turno puedo decir que mi trabajo no tiene significado, y la siguiente persona puede decir que su esposa no tiene significado. Después pueden seguir otros diciendo que la *d.school* no tiene significado, que sus zapatos no tienen significado, que sus playeras no tienen significado, que su cabello no tiene significado, que su peso no tiene significado, que sus bicicletas no tienen significado, que su habilidad con las matemáticas no tiene significado. Desde pequeñeces hasta cosas de gran importancia, todas se agrupan en la misma categoría: cosas que no tienen un significado intrínseco.

Después de esto, el grupo empieza a mencionar objetos al mismo tiempo, así que nadie pone atención a una persona en particular y todos hablan al mismo tiempo, cada uno creando su propia lista de cosas que no tienen significado en su vida. Es mucho ruido y mucha diversión. La disonancia y el pandemónium liberan a las personas, así que no se sienten tan incómodas diciendo en voz alta que las cosas que aprecian no tienen significado.

Si estás solo también puedes hacer el ejercicio. Decir cosas en voz alta, incluso para ti, es muy liberador.

Es tu turno

Respira profundamente varias veces. Cierra los ojos unos minutos. Después, ábrelos y cambia tu atención de un objeto a otro en la habitación. Cada vez que veas algo, di que no tiene significado (por ejemplo: "la silla no tiene significado"). Luego piensa en personas de tu familia o dentro de tu vida y en cosas que aprecias, así como en tus mejores logros y tus posesiones más queridas. Nombra cada una y di que no tiene significado. Cuando termines, quédate en silencio unos minutos y reflexiona sobre tu experiencia.

Para mi colega Sheri fue muy difícil decir que su hija no tenía significado. Claro que lo tenía, pero el significado que ella le da no está predestinado. Algunas madres abandonan a sus hijas. Unas las desprecian y se burlan de ellas, otras las animan y las apoyan. La variedad de relaciones posibles entre madre e hija y los significados que les otorgan son infinitas.

El punto del ejercicio no es que los participantes cambien alguna de sus relaciones. El objetivo es darles poder con el entendimiento de que ellos *eligieron* el significado que dan a todas sus relaciones. Como resultado, los participantes toman conciencia de la importancia que una persona u objeto tiene para ellos (como en el caso de Sheri, que apreció la relación con su hija todavía más después de este ejercicio) y se dan cuenta de que tienen la habilidad para cambiar el significado.

NO HAY HISTORIAL PERMANENTE

Como en la vida de la mayoría de las personas, en la mía han ocurrido varios incidentes de los que ahora me puedo reír, a pesar de que en su momento parecían terribles. El suceso más antiguo que recuerdo fue cuando llegué a casa llorando en cuarto de primaria. Estaba haciendo ruido en el cubo de las escaleras, un profesor me escuchó y dijo que la falta estaría en mi "historial permanente". Yo estaba devastado, creía que este historial me seguiría para siempre. Mi madre intentó tranquilizarme diciendo que no tenía por qué preocuparme, pero no estaba convencido. Claro que años después me enteré que no existía tal historial. Y la mayor pregunta es: si hubiera existido, ¿habría hecho alguna diferencia en mi vida?

Un incidente similar sucedió en la universidad. Era mucho más grande y en teoría más sabio, pero no lo era. Estaba estudiando mi doctorado y tomé un curso avanzado, "Métodos matemáticos en física", con un ganador de un premio Nobel.

La evaluación final recaía en gran medida en algunas cosas bien conocidas por estudiantes de física, pero de las que yo nunca había escuchado nada y que no fueron mencionadas en clase. Saqué cinco. Cuando hablé con el profesor, me dijo: "Bueno, eres ingeniero. Si tomo un curso de música, supongo que voy a reprobar".

No fui corriendo con mi mamá, si no la situación habría sido casi igual que el trauma de cuarto de primaria. Me sentía miserable y fui a ver a mi asesor de tesis. Me aseguró que no tenía de qué preocuparme. Pero me molestó mucho tiempo. Con los años descubrí que a nadie le importaba un cinco en mi historial académico. Aunque si así fuera, ¿habría hecho alguna diferencia en mi vida? No. Tomé el siguiente curso con otro profesor y saqué diez. ¿Y adivina qué? Nadie lo notó... tampoco.

En la vida, la única persona que lleva la cuenta de tus logros y fracasos eres tú. Hay muchas oportunidades de aprender las lecciones, aun cuando no lo hayas hecho bien la primera vez... o la quinta.

Aprendiendo de la traición

En un taller que realicé en Bulgaria durante la guerra fría, mostré al grupo un video de algunos proyectos académicos de robótica. Tomamos un receso para comer algo y cuando regresamos pregunté por la cinta que les acababa de mostrar, me informaron que la habían guardado bajo llave por seguridad y que estaban buscando a la persona que por equivocación se había ido con la llave.

La historia me pareció un poco rara. En la tarde, le platiqué esto a un amigo que también estaba en el taller. Me dijo en secreto que el retraso ocurrió porque un profesor y su asistente (personas que yo consideraba amigos) llevaron la cinta a otro lado para hacer una copia. Después me la entregaron y se mantuvieron con la historia original sobre el retraso. ¡Qué descaro! Estaba herido y enojado porque me habían traicionado y violado nuestra amistad.

Cuando di mi segunda plática en el taller, hablé sobre el intercambio científico que fomenta la amistad y sobre la confianza. Miraba fijamente a los perpetradores mientras decía esto. Estaba seguro que habían entendido que yo sabía lo que habían hecho y los estaba regañando de forma discreta, pero no estaba satisfecho. Molesto, salí a caminar por el bosque, pensaba en demostrarles lo mal que estaban. Me iría temprano y no asistiría al banquete de clausura.

Mientras caminaba me enojaba más y más. Después me llegó a la mente el ejercicio "nada tiene significado". Repasé los eventos del día en mi cabeza, escuchando cada uno y repitiendo que no tenía significado. Cuando llegué a "esta cinta no tiene significado" se me prendió el foco. Podría no ser verdad. No había nada de valor en ella para mí o para ellos. ¿Qué estarían planeando hacer? Todavía no lo sé. ¿Dársela a su agencia de inteligencia? ¿Mostrársela a sus estudiantes? ¿Verla para sacar ideas para proyectos? La había mostrado, así que no había nada privado o secreto. Si me lo hubieran pedido, con gusto habría dejado que la copiaran, entonces ¿cuál era el problema? Le había dado a la cinta un significado que en realidad no tenía.

Debieron preguntar y no lo hicieron. Gran cosa. ¿Por qué iba a permitir que eso arruinara mi noche? Cuando aclaré mi mente, regresé al hotel y me la pasé muy bien durante el banquete.

Este incidente fue un vívido recordatorio de que puedo determinar mi experiencia, aunque no pueda controlar lo que pasa en el mundo exterior. Al aceptar que tú le das el significado a todo lo que hay en tu vida, te sientes como el amo de ella, en vez de una víctima indefensa de las circunstancias.

Radical modificada

Cuando mi amiga Ann tuvo cáncer de mama y se realizó una mastectomía, escribió "Modified Radical", un largo poema sobre su experiencia que se publicó en el *New England Journal of Medicine* y después se incorporó a un pequeño libro que llamó *Modified Radical and Other Cancer Poems*. La Sociedad Americana de Cáncer distribuyó el libro como una herramienta de educación para pacientes de cáncer y se convirtió en una fuente de desahogo e inspiración para mucha gente. Ann recibió cartas de lectores donde le decían lo mucho que su poema les había ayudado. Una muy emotiva llegó de un cirujano contándole que, a pesar de todas las mastectomías que había realizado y que su esposa había pasado por una, no había entendido del todo el aspecto psicológico de la experiencia hasta que leyó el poema. Ésa fue la primera vez que me di cuenta de que Ann tenía el don de cambiar una adversidad personal en una experiencia positiva para ella y para los que la rodeaban.

Unos años después, le diagnosticaron Alzheimer a Julian, su esposo de cincuenta y nueve años. Ann pudo cuidarlo los primeros años. Pero con el tiempo, su condición se complicó demasiado y ya no pudo manejarla, así que decidió moverlo a un centro de atención a unos sesenta kilómetros. Ella lo visitaba con regularidad y yo la acompañaba una vez al mes.

Recogíamos a Julian y lo llevábamos a un parque junto al lago. Ahí nos tomábamos todos de las manos y caminábamos con lentitud al lado del lago mientras cantábamos canciones folk como *Oh My Darling, Clementine* y, en honor a los orígenes escoceses de Julian *The Bonnie Banks* o *Loch Lomond*. Al final le comprábamos un helado o alguna otra cosa para sus hermosos dientes (que todavía funcionaban muy bien). Siempre la pasábamos bien, llenos de cálidos sentimientos y diversión, incluso en los días en los que no sabíamos si Julian me reconocía. En el camino de regreso a casa siempre me sentía feliz de estar vivo. Me iba esperando mi próxima visita.

Ann hizo una crónica sobre cómo ella y Julian continuaron festejando a la vida en dos libros, *Alzheimer's, a Love Story* y *A Curious Kind of Widow*. En estos libros describe cómo después del shock inicial de miedo, enojo y terror, decidió que continuarían el camino juntos en un espíritu de amor. La Asociación de Alzheimer usó sus libros para dar esperanza y guía a muchas familias. También recibieron invitaciones para dar charlas a cuidadores y médicos en talleres y conferencias.

Cuando Julian tenía Alzheimer, tenía otro amigo con la misma enfermedad, pero más avanzada. También tenía cuidadores que se preocupaban por él y lo querían, sólo que los consumía un sentimiento de miedo, tragedia y pérdida, y lo trataban como a un niño, lo mantenían bajo un estricto control.

Cuando visitaba a mi amigo, siempre me sentía incómodo por él y me daba gusto irme. No había alegría en ese lugar. El contraste con Julian no tenía comparación. De manera interesante, antes del Alzheimer, Julian y mi otro amigo eran similares en casi cualquier aspecto y el progreso de su enfermedad fue casi idéntico. Era claro que la actitud de Ann hizo la diferencia. Para mí sigue siendo un fuerte recordatorio de cómo, cuando entendemos que nosotros le damos el significado a las cosas, podemos controlar lo que nos pasa, incluso convertir las adversidades en un regalo para nosotros y nuestros seres queridos.

El significado de éxito

Con el riesgo de sonar poco modesto, he ganado muchos premios. Tengo cajones llenos. Es lindo recibirlos y a veces las cenas son divertidas. Pero a la mañana siguiente, cuando me levanto y los veo, un pisapapeles de cristal o un certificado, en realidad no significa nada.

Pasa lo mismo con muchos de los sellos distintivos del "triunfo". Estar en el cuadro de honor, graduarse de la universidad, obtener un empleo con un sueldo alto, conseguir otro empleo con un mejor sueldo, ser el vendedor del mes, ganarse la oficina del rincón, un auto de la compañía, ser entrevistado por los medios, recibir premios: en eso piensa la mayoría de las personas cuando hablan del éxito. Para mí, todo esto pierde el punto.

Quizá cada una de esas cosas es un triunfo genuino, significan algo para ti por más de un día; también pueden ser sólo una insignia para mostrar a la gente que eres *alguien*. ¿Esas cosas te hacen feliz por sí mismas?

Conozco mega millonarios que se sienten miserables. Gastan su dinero sacándose la grasa de las lonjas y contratando guardaespaldas porque están paranoicos (o tal vez en lo correcto) y creen que la gente los quiere atacar. Siempre están preocupados por superarse a sí mismos y hacer el siguiente millón y el siguiente, ¿y para qué? Por el otro lado, conozco artistas que apenas tienen para vivir pero se sienten felices y plenos. Ninguno es un camino seguro para la felicidad o el entendimiento, es claro que puedes tener riqueza y felicidad, pero no es necesario que una vaya de la mano de la otra.

Lograr algo sólo por el hecho de lograrlo está vacío. Es la persecución interminable de una zanahoria atada a la punta de un palo mientras corres alrededor de una pista. Para mí, el verdadero triunfo es viajar a otro país, aprender su idioma y encontrar el camino por mí cuenta. El éxito real es aprender a ser autosuficiente. El verdadero triunfo es hacer amigos para toda la vida.

En mi cabeza y para propósitos de este libro, defino el *triunfo* como tener una buena vida, vivir la vida de una manera satisfactoria que nutra las fuerzas vitales dentro de nosotros y de los que nos rodean (con quienes nos relacionamos). Esto implica desarrollar control sobre sí para lidiar con los aspectos difíciles de nuestras vidas y relaciones. Supone encontrar algo qué hacer de nuestra vida que nos atraiga y nos dé retroalimentación positiva. Si lo hacemos bien, la vida no tiene por qué ser una lucha debilitadora, incluso si a veces se requieren esfuerzos considerables.

Lo conocido desconocido

Para generar una nueva actitud hacia los acontecimientos y relaciones en tu vida, aprende a verlos con una perspectiva renovada. Durante los seminarios de creatividad, se da a los participantes una bolsa con materiales y herramientas y un problema que resolver. Estos materiales y herramientas son objetos cotidianos, su uso es obvio para todos. Los asistentes deben resolver el problema usando las cosas como quieran, pero en general no hay una conexión evidente entre los objetos y el problema. Por ejemplo, tal vez tengas que investigar cómo crear un aparato de comunicación usando una caja de Cheerios, un martillo, cinta, bolas de algodón, un cepillo y una bolsa de canicas.

La mayoría de las personas tiene un sesgo cognitivo llamado fijación funcional que sólo les permite ver objetos en su contexto normal. El uso de materiales y herramientas en su forma ordinaria por lo general lleva a soluciones poco viables y (cuando mucho) mundanas. Las soluciones de verdad emocionantes surgen al superar la fijación funcional y usar los objetos cotidianos de nuevas maneras. Para ver las posibilidades, es útil tomar el punto de vista en el que *nada es lo que tú crees*. Tienes que hacer lo conocido desconocido.

Por ejemplo, una caja de Cheerios no sólo es un cereal para desayunar. Se puede transformar en cartón y papel de cera. Es una fuente de biomasa o de pequeños granos. Se puede hacer una mezcla fangosa. Del mismo modo, un martillo puede ser un peso, una fuente de metal y madera, puede funcionar como eje de torno, como sube y baja, o como un péndulo. La cinta se puede usar para unir cosas y ser un elemento estructural de cualquier forma. Hay un gran número de formas creativas en las que podrías usar estos objetos para cumplir con la tarea.

La misma dinámica se puede aplicar en nosotros. Así como las cosas del mundo material se pueden transformar en algo diferente, también el comportamiento y las relaciones. Al principio es difícil salir de las nociones preconcebidas, pero cuando lo logras, verás que se abre un nuevo mundo. Deja de etiquetar cosas según su uso normal. Mike no es un fracasado porque falló su proyecto en clase. Tú no eres un perdedor porque te corrieron del trabajo. Desconoce lo conocido y el resultado será sorprendente y encantador, en vez de aburrido, disfuncional y ordinario.

Mi primera experiencia con el poder de cambiar una fijación funcional llegó después de un largo día dirigiendo un taller intensivo de creatividad. Estaba en el descanso, sentado, solo, relajándome frente a una gran fuente y mi cerebro estaba muerto. De repente, a través de mi neblina de fatiga, la fuente se transformó de chorros de agua en incontables partículas brincando una de otra. Fue una experiencia increíble, como si hubiera estado muy cansado para concentrarme en la etiqueta de *fuente*. Sólo estaba ahí, experimentando las partes que la componían.

Si dejas de etiquetar al mundo, a tu trabajo y a tu vida encontrarás una trayectoria increíble. Muchos de mis estudiantes favoritos nunca se graduaron. Eran brillantes y capaces, pero en vez de "jugar el juego", eligieron un camino diferente. Seguro sus padres no se emocionaron al principio. Pero cuando me encuentro de manera ocasional a alguno de ellos, casi siempre descubro que tomó buenas decisiones en la vida que lo hacen feliz, y con frecuencia, han hecho un mundo mejor.

Puedes quitar las etiquetas por completo o reetiquetar para obtener mejores resultados. Estudios recientes refuerzan la idea de que volver a etiquetar cambia el comportamiento. Por ejemplo, unos investigadores encontraron evidencia estadística de que si les pides a las personas que *sean votantes*, obtienes más votos que si sólo les pides *que voten*.[1] Del mismo modo, si les pides que no *sean tramposas* hacen menos trampa que si le pides no *hacer trampa*. La conclusión es que las personas están más preocupadas por reforzar la imagen de sí mismas que la de sus acciones, por lo tanto, para transformar el comportamiento, primero debes cambiar tu autoimagen.

Todos tenemos ideas en nuestras mentes de qué y quiénes somos. Podemos tener una autoimagen precisa, o puede estar muy alejada de la realidad. De cualquier manera, define cómo respondemos al mundo que nos rodea. En su libro *Mindset: The New Psychology of Success*, Carol Dweck escribe: "Por veinte años, mi investigación ha mostrado que la *opinión que tienes sobre ti* afecta profundamente la manera en que conduces tu vida. Puede determinar si te conviertes en la persona que quieres ser y si realizas las cosas que valoras".[2]

De manera ocasional, tenemos experiencias poderosas que nos transforman la vida, pero la mayoría de las veces los cambios ocurren poco a poco. Algunas experiencias inesperadas, positivas o negativas, cambiarán ligeramente tu autoimagen. A través de cambios repetidos, la imagen entera se va transformando. Hecho de forma correcta, esto aumenta tu sentido de lo que puedes lograr, los psicólogos dicen que tu autoeficacia se incrementa.

Así le pasó a Doug cuando decidió que podía controlar sus niveles de azúcar en sangre por diabetes de inicio tardío. Optó por usar su bicicleta tres veces a la semana, de su casa en el campus de Stanford a la comunidad montañosa de Sky Londa. El viaje de ida y vuelta es de unos 60 kilómetros, con un cambio de elevación de 540 metros. Todo iba bien al principio. Después comenzó a notar cuánta basura había en el camino. Primero, sólo pensó que alguien debería limpiar todo eso. Luego se le ocurrió que ese "alguien" podía ser él. Entonces empezó a cargar una bolsa de plástico y se detenía por momentos para recoger latas y otro tipo de basura. Poco a poco esto lo transformó en una persona diferente. Con el tiempo acarreó grandes cantidades de basura en su bicicleta y liberó grandes porciones del camino sin ayuda.

La actividad de Doug se hizo conocida y recibió apoyo positivo por parte de la gente que vivía en el área. Más y más conductores lo llamaban, algunos le ofrecían dinero como recompensa por sus esfuerzos. Fue invitado de honor en una fiesta de la comunidad, escribieron historias en los periódicos locales, hicieron una película sobre su limpieza de las calles,[3] y recibió premios ambientales del condado de San Mateo. Se volvió una celebridad local. Su autoimagen se alteró de manera considerable del Doug que pensaba que "alguien debería limpiar eso" a "Doug el ambientalista" o, como yo le decía de cariño, el profesor *poubelle* ("basurero" en francés).

El concepto de autoeficacia se usa en psicoterapia[4] para tratar fobias y otros estados limitantes. Se utilizan ideas similares en la educación y creación de caminos para una vida exitosa. En un mundo ideal, la autoimagen formaría las bases para mucho de lo que hacemos y de lo que no. En el mundo real, las cosas son mucho más complicadas.

¿QUIÉN CONTROLA TU CEREBRO?

Por lo general, nos gusta saber que estamos a cargo de nuestras acciones. A la sociedad le interesa pensar eso, o no habría forma de justificar la restricción y el castigo de personas con comportamiento antisocial. Pero sabemos que algunas de las cosas que hacemos no están controladas de manera consciente. A éstas se les conoce como comportamientos reflexivos o autónomos.

Es fácil ver estos comportamientos autónomos en otras especies. Algunos son muy complejos, parte del ADN del animal. Por ejemplo, el tejedor enmascarado africano es un ave que construye nidos enredados usando materiales especializados. Investigadores alejaron a un par de estos pájaros de materiales de construcción y de otros pájaros de su especie por cinco generaciones.[5] No podían construir ni ver los nidos típicos. Pero cuando le dieron materiales tradicionales a la sexta generación (todavía en aislamiento de su especie), construyó un nido perfecto. Quizá es un ejemplo extremo, aunque ilustra el punto de que incluso comportamientos complejos pueden ser reflexivos y no del todo bajo un control consciente.

Esto se puede ver en acción cuando un peligro físico y amenazas emocionales disparan nuestra respuesta de lucha o huida. Para cuando las señales llegan a las partes del cerebro que las razonan, los centros cerebrales (emocionales y reflexivos) ya alistaron el cuerpo y estamos en acción.

Aunque esta rápida respuesta nos puede salvar la vida, puede no ser apropiada ante las amenazas emocionales, sobre todo en un mundo psicológicamente complejo. No todos los problemas se resuelven de manera satisfactoria siguiendo nuestra primera reacción; por ejemplo, cuando un idiota se mete a tu carril de manera repentina a 180 kilómetros por hora.

¿Qué pasa cuando alguien hace algo agresivo en la autopista? Bueno, la mayoría de las personas responde justo de la manera equivocada. Deciden *luchar*. Gritan, maldicen, tocan el claxon, incluso persiguen y tratan de confrontar al conductor que ofendió. La verdad, la mejor opción para sobrevivir es *huir*. He discutido esto con gente de muchos contextos y siempre es la misma respuesta. Todos estamos de acuerdo en que si alguien maneja de manera agresiva o peligrosa, lo mejor es mantenerse tan lejos como sea posible. Pero muchos admiten haber reaccionado de forma opuesta: persiguieron al otro carro. ¿De dónde viene eso? En esta situación hay dos opciones. La primera es un desplante desencadenado por el cerebro (fuera de nuestro control consciente). La segunda es la respuesta razonada (la cual podemos controlar).

Muchas veces la primera reacción se llama *secuestro límbico* o *de la amígdala* porque la desencadena este pequeño órgano del sistema límbico del cerebro. La función primaria de la amígdala es mandar una señal a las glándulas suprarrenales cuando se recibe un estímulo de miedo. Tiene una conexión secundaria (y más lenta) al córtex y a otros centros de razonamiento en el cerebro.

Es importante tener presente que la segunda reacción "racional" no es voluntaria. Muchos sólo seguimos lo que vemos en nuestra familia y amigos. Eso nos puede lavar el cerebro para pensar que un comportamiento disfuncional es algo normal u honorable. Con un poco de esfuerzo puedes cambiar tu reacción secundaria. Sólo debes decidir qué quieres cambiar y trabajar en ello. Si estás dispuesto a ignorar el impulso límbico inicial, puedes calmar tu córtex, tomar el mando y tranquilizar todo tu cuerpo.

Claro, algunas personas necesitan esforzarse más para controlarse. No importa si eres impulsivo por naturaleza, por educación o ambos, puedes aprender a controlar tu reacción secundaria. Es importante hacerlo para que no termines explotando ante la gente. Algunas personas poderosas, políticos, actores, cantantes, CEOs, incluso un autor famoso, arruinaron sus carreras al no controlar sus impulsos límbicos. Las explosiones momentáneas te pueden costar todo.

El profesor en neurología en Harvard, Rudy Tanzi, recomienda un proceso de cuatro pasos para manejar situaciones en las que estamos bajo el control de un *secuestro límbico*:

- No hagas lo que tu reacción inicial te dicte.
- Respira con profundidad.
- Concientiza cómo te sientes.
- Recuerda un evento pasado que te haga sentir feliz y en paz.[6]

En términos del pensamiento de diseño, desechas la respuesta de lucha y lo ves como un problema que resolver usando la ideación para llevarte a un lugar mejor. Estos pasos te llevan a un estado de bienestar emocional, en el que recuperas el control de tu comportamiento.

En la mayoría de los casos sólo necesitas los tres primeros pasos para controlar la situación. Se requiere práctica (por ejemplo, en términos del pensamiento de diseño, hacer prototipos), y si te mantienes en ti cada vez que se presenta un comportamiento negativo, con el tiempo se vuelve más y más fácil controlarte. En cualquier evento, no está de más tomar una profunda respiración.

Usa tu cerebro

¿Y qué pasa con otras situaciones menos inmediatas? ¿Estas técnicas ayudan a responder de manera positiva ante un estado general de mucho estrés? La respuesta es sí. Cuando te tomas el tiempo para concientizar tu estado mental actual y luego alterarlo a propósito, puedes forzar tu cerebro para que realice actividades más equilibradas. Con el tiempo, esta forma de relajarse se vuelve automática.

Varios tipos de comportamiento disfuncional se asocian a la falta de equilibrio en el uso de diferentes partes del cerebro. Por ejemplo, la alimentación compulsiva se asocia a la parte reptiliana del cerebro (el tronco cerebral). El narcisismo o un comportamiento muy dramático está asociado con un bloqueo en la parte emocional (parte límbica) del cerebro. La sobreinteligencia está asociada con un bloqueo en la zona conectada con altas funciones intelectuales (el neocórtex).

Al practicar la autoconcientización, podemos dejar de bloquearnos. Así, entrenamos a nuestro cerebro para brindarnos una mayor conciencia sensorial, corporal y social. Por lo general, esto se llama "mente sobre materia". Es el mayor principio detrás de la terapia cognitiva conductual, una escuela de la psicología que cree que si cambiamos nuestra forma de pensar, transformaremos nuestro comportamiento. Aunque no siempre funciona para todos, apoyo este método. No importa qué te puso en el estado que estás, cambiar la forma en la que piensas de manera consciente puede ayudarte a resolver el problema.

Es tu turno

¿Quién soy? ¿Qué quiero? ¿Cuál es mi propósito? Hazte cada una de estas preguntas de manera repetida y respóndelas con cualquier cosa que te venga a la mente. Escribe tus respuestas en un diario, cuaderno o dilas para ti. No pienses demasiado, sólo contesta. Está bien repetir las respuestas o decir cosas que no tengan sentido. Cada pregunta se tiene que repetir por lo menos cinco o diez minutos. Si tienes alguien con quien trabajar, tomen turnos donde una persona repite la misma pregunta y la otra contesta. Claro que si hay otra persona las preguntas se deben replantear: "¿Quién eres?" "¿Qué quieres?" "¿Cuál es tu propósito?" (Yo puedo responder: soy un padre, soy un esposo, quiero terminar mi libro, quiero más tiempo, mi propósito es enseñar, mi propósito es vivir.) Para mí, todas estas respuestas están en un nivel superficial; por lo general, toma tiempo llegar a unas más profundas. ¡Hazlo! Te sorprenderás por tus respuestas (y cómo contribuyen a tu hábito de triunfar).

El objetivo de este ejercicio es dedicar tiempo a pensar de manera profunda en el significado de tu vida. Lo importante, más que tus respuestas específicas, es que te abras a las preguntas. Por lo general, este ejercicio promueve la relajación, genera energía interna y nutre de una mayor sensación de vitalidad.

Beneficios similares pueden derivar de otros tipos de meditación. Experimenta para ver qué funciona contigo. Es raro que yo medite de manera formal, en vez de eso hago cosas meditativas: caminar, andar en bici, estar solo en la naturaleza cuando necesito tranquilizar mi mente. Otra cosa que funciona para algunas personas son las actividades repetitivas que requieren poca concentración. Tejer, jardinería o hacer garabatos puede ser meditativo. ¡Hasta más fácil! Si te sientes disperso, sólo toma unos minutos para quedarte quieto y concentrarte en tu respiración. Piensa en cada respiración, inhala y exhala, inhala y exhala. Intenta que tu exhalación dure el doble de lo que dura tu inhalación. Pon atención en objetos fijos alrededor de ti; libros, una foto en la pared, no analices, sólo enfócalo. Al final te beneficiarás de un incremento de concentración, disminución de ansiedad y un sentimiento general de felicidad.

Bien y mal

En la vida nos encontraremos con frecuencia en el juego del bien y el mal. Las reglas *parecen* muy simples: Yo gano si estoy bien (y tú estás mal).

Una vez, justo cuando iba de salida rumbo a casa de mi amigo Doug, tuve un fuerte desacuerdo con mi esposa, Ruth, sobre una tontería. Mientras caminaba, sólo pensaba en que yo tenía razón y en lo equivocada que estaba ella. Estaba más que equivocada. Tenía una actitud terca y estúpida sobre el tema. Esos pensamientos me consumieron durante dos cuadras. Entonces, alcé la mirada.

Era un bello y claro día de invierno, y los troncos desnudos de los árboles tenían una presencia fantástica. Estaba pasmado. Sentí una explosión de asombro y dicha. Todavía consumido por mis sentimientos sobre la discusión, sacudí la cabeza en negación y regresé a mi estado engreído. Bajé la vista y continué caminando y pensando en lo tonta que estaba siendo mi esposa. Después alcé la vista de nuevo, me permití experimentar el asombro, y de nuevo lo apagué. Parecía que no era capaz de dejar ir esos sentimientos.

Al final, entendí. Al seguir jugando sólo al bien y el mal estaba siendo terco y estúpido. El mundo me ofrecía un momento mágico, y lo estaba rechazando. Cuando me di cuenta, me reí de mi estupidez y disfruté el momento. Llegué a casa de Doug en un estado eufórico. Ese incidente fue hace veinte años. No recuerdo la razón de la discusión, pero cada verano siento de nuevo lo maravilloso de aquella experiencia, del momento en que alcé la vista y vi los troncos de los árboles desnudos.

Toda esta situación es como apostar en un casino. La casa obtiene su porcentaje en el minuto en que empiezas a jugar cada mano y así hace su dinero. Claro, sin importar si pierdes o ganas, al final de la noche el valor total de los jugadores habrá disminuido, ése es el precio de jugar. Si ese día yo hubiera continuado en el juego de bien y mal, habría perdido una experiencia importante y el casino habría obtenido de mí más de la cuota normal.

Cuando me doy cuenta de que estoy en el juego de bien y mal dejo de jugar. La próxima vez que te encuentres en esa situación recuerda: tú le das el significado a todo, así que puedes decidir terminar el juego. No importa si estás bien o mal, pierdes por el sólo hecho de jugar.

Del mismo modo, puedes modificar la manera en que reaccionas a las experiencias. Un pequeño truco es exagerar tu reacción. Por ejemplo, si estás en una reunión aburrida, sólo piensa que es la reunión más aburrida a la que has ido. De hecho, es *tan aburrida* que es sorprendente. Si estás deprimido, no te deprimas por la idea de estar deprimido. Sal de ahí. Admira el hecho de que tienes esta sorprendente depresión.

Es lo contrario a compadecerte. Más bien, es sorprenderte por lo terrible de tu situación. ¿Has visto a esos perros que son tan feos que son lindos? Es como eso. Piensa en las metáforas que un comediante usaría para describir qué tan mala es la reunión. Escribe tus problemas como una canción cómica. Crea tu propio chiste sobre tu depresión.

Darte cuenta de que puedes cambiar tu actitud hacia cualquier cosa te otorga un poder increíble. ¿Odias lavar trastes? Si lo piensas bien, hay muchas cosas buenas en lavar trastes. Poner las manos en agua caliente es reconfortante. Enjabonar y enjuagar puede ser un placer. Deshacerte del desorden y admirar tu cocina limpia siempre es satisfactorio. Intenta tener otra actitud cuando laves los trastes. Existe la posibilidad de que lo disfrutes.

Cuando aprendes que puedes cambiar tus hábitos y desarrollar diferentes actitudes sobre las cosas, obtienes una nueva herramienta para tu vida profesional y personal. Quizá para la mayoría de las personas es más fácil cambiar su actitud ante lavar los trastes que ante la depresión. Pero si empiezas con las cosas pequeñas de la vida, descubrirás que es más fácil abordar las difíciles.

Las razones son basura

2. LAS RAZONES SON BASURA

Obviamente, la verdad es lo que es. No tan obvio, también lo es.

WERNER ERHARD

El problema con las razones es que sólo son excusas adornadas.

Siempre llegaba tarde a las juntas de Working Machines, una corporación localizada en Berkeley, a una hora de donde vivía. Invariablemente, después de una frenética hora de conducción agresiva y peligrosa, llegaba con una disculpa, explicando que la autopista estaba congestionada. El presidente de la junta me aseguraba que lo importante era que había llegado a salvo. Aun así, por mi culpa se atrasaban las cosas, y claro, los otros miembros de la junta que habían llegado a tiempo no estaban entusiasmados. Muy en el fondo sabía que el tráfico en la autopista no era el problema real.

Sí, el tráfico en la autopista 880 por lo general estaba más pesado de lo que pensaba, y el que salía de Palo Alto y entraba a Berkeley era muy lento. ¿Pero qué tan raro era al medio día? Casi no fallaba en medir el tiempo. *Trataba* de salir temprano, pero siempre tenía que lidiar con algunos correos y llamadas de último momento. Además, después de dejar mi oficina, me encontraba algún colega en el elevador y quedaba atrapado en una plática.

Todo se resumía en esto: las juntas no eran una prioridad en mi vida. Así de simple. No tenía nada que ver con el tráfico. A pesar de no haber consecuencias negativas económicas o laborales, era malo para mi autoestima: me sentía culpable por siempre llegar tarde. No me gustaba sentir todos los ojos sobre mí por la razón equivocada cuando entraba en la sala. Le di algunas vueltas y me di cuenta de que había personas en esa reunión que enfrentaban el mismo tráfico y las mismas "cosas de la vida" que yo, pero se las arreglaban para estar ahí temprano porque les importaba lo suficiente.

Cuando lo entendí, decidí otorgar a las juntas la importancia y la *atención* que merecían. A partir de ese momento, empecé a salir temprano para llegar a tiempo. No más correos o llamadas de último momento. Dejé de esperar hasta el último minuto, y decidí que valía la pena dejar todo temprano y estar en el carro diez minutos antes de la hora que "debía".

Si tenía suerte, y el tráfico estaba tranquilo, me daba tiempo de disfrutar un poco de la escena de Berkeley antes de entrar a la junta. Si el tráfico estaba normal, llegaba un poco antes y podía socializar con otros miembros de la junta. Si estaba muy pesado, llegaba justo a tiempo. Los efectos positivos de eliminar el estrés ocasionado por estar a buena hora en las juntas me cambiaron la vida.

Y no termina ahí. Comencé a transformar mi actitud ante el tiempo en general. Solía llegar tarde a la mayoría de las cosas en mi vida. Ahora soy conocido como el dolor de cabeza que siempre está puntual y espera que los demás lo hagan. Digo algo importante para empezar a tiempo cada clase y sesión de los talleres. Resulta que mi vida funciona mejor cuando no necesito inventar razones por las que llegué tarde.

Nuestra sociedad ama las razones. Tal vez la ilusión de que existe una razón conocida para cada cosa que hacemos es reconfortante. Por desgracia, el mundo no funciona de esa forma. Hay una historia sobre un hombre parado en medio de Times Square en Manhattan, chasqueando los dedos. Después de un rato, una mujer se acerca y le dice:

—Disculpe señor, ¿por qué está chasqueando los dedos?

—Estoy alejando a los tigres —responde.

—Pero señor, con excepción del zoológico, no hay tigres en miles de kilómetros a la redonda.

—Es muy efectivo ¿no? —Contesta.

Este chiste usa lo que llamamos una falacia causal. La falacia sucede porque el hombre chasqueando piensa de manera errónea que la *correlación implica causalidad*. Ésta es una de las muchas falacias lógicas en las que se cree que como dos eventos ocurren al mismo tiempo tienen una relación causa-efecto. Esta versión de falacia también se conoce como *cum hoc ergo propter hoc* (frase latina que significa "con esto, entonces por esto") o simplemente causa falsa. Una falacia similar, en la que un evento que sucede después de otro es consecuencia del primero, se describe como *post hoc ergo propter hoc* (frase latina que significa "después de esto, entonces por esto").

Las razones son una basura. Sé que suena duro, pero como verás, es bueno tomar esta posición categórica. Existen porque si las personas no explican su comportamiento, parecen irracionales. Entonces nos enfrentamos a una paradoja: necesitamos razones, así que aparentamos ser razonables, pero cuando las usamos no nos responsabilizamos por completo de nuestros actos.

Digamos que camino hacia un extraño y lo golpeo en la cara. Él preguntará por qué lo hice. Si digo: "por ninguna razón" queda claro que soy irracional. En cambio, si le digo que me recuerda al hombre que abusó de mi hermana, ahora soy (en cierto modo) una persona racional.

Pero por lo general, las razones son excusas. Las usamos para esconder nuestros defectos. Cuando dejamos de usarlas para justificarnos, aumentamos las oportunidades de cambiar de comportamiento, obtenemos una autoimagen real y vivimos una vida más satisfactoria y productiva.

Muchas razones son simples pretextos para esconder el hecho de que no estamos dispuestos a darle a algo una mayor importancia en nuestra vida. Por ejemplo, una estudiante podría llegar tarde a mi clase y decir: "Perdón por llegar tarde, una llanta de mi bicicleta se ponchó". Incluso si fuera verdad, el punto es que llegar a tiempo a clase no es una prioridad en su vida. Si hubiera tenido una regla en la que cualquiera que llegara tarde iba a reprobar, se habría asegurado de estar a la hora, con o sin llanta ponchada. Si la regla hubiera sido que te expulsan de la escuela por un solo retraso, ¡incluso llegaría más temprano!

Una *bueeeeena* razón

En el grupo de diseño en la Universidad de Stanford, la mayoría de mis colegas saben lo que pienso respecto a las "razones". Así que cualquiera que empieza a explicar una razón en una junta y dice, por ejemplo: "no pude hacer eso porque el decano...", por lo general recibe un sarcástico "es una *bueeeeena* razón" en coro. Después de eso, la persona se siente un poco avergonzada. Pero recibió como regalo el entendimiento de que el decano no es la razón.

Dejar ir la necesidad de razones para justificar tu comportamiento es útil en cada parte del proceso de pensamiento de diseño. Te puede sacar de callejones sin salida y guiarte por nuevos caminos y conocimientos.

Es tu turno

Este ejercicio idealmente requiere de un compañero, aunque puedes hacerlo tú solo jugando ambos roles. Uno de los compañeros empieza una declaración con "la razón por la que..." El otro compañero responde: "es una *bueeeeena* razón". Hagan esto durante cinco minutos por lo menos, después cambien los papeles para que el segundo compañero empiece la conversación con "la razón por la que..." y el primer compañero ahora es quien afirma cada enunciado como una *bueeeeena razón*. (Para aprovechar este ejercicio al máximo, usa tu comportamiento actual. Por ejemplo, esta mañana podría haber dicho: "la razón por la que escribo este libro es porque quiero compartir mi conocimiento". Mi compañero respondería: "Es una *bueeeeena* razón". Después yo diría: "La razón por la que estoy cansado es porque me levanté temprano". Mi compañero respondería: "Es una *bueeeeena* razón". Y demás.)

No tienes que buscar dentro de tus respuestas por mucho tiempo para ver la basura. Si descubres que te resistes a la idea de que todos tus motivos son *bueeeeenas* razones, sería útil que pensaras en varias razones adicionales para cada comportamiento. Muchos factores contribuyen en los comportamientos, así que todo el concepto de enfatizar una razón en particular por algún motivo es confuso. Al asignar una importancia relativa a nuestras razones, introducimos una mentira a nuestro análisis, y añadimos un factor de mucho peso a las razones que más apoyan nuestra versión de la historia o nuestra autoimagen.

A veces la gente se esconde detrás de razones conmovedoras. Es importante entender que esto no las hace más útiles.

Steve, mi hijo mayor, nació con parálisis cerebral, que en su caso significó un retraso mental y espasticidad muscular. A pesar de que no la pasa bien haciendo lo que otros hacen con facilidad, se las puede arreglar con cosas de todos los días.

Cuando su madre lo regañaba por malos modales, como no usar cuchillo para cortar la comida, él se molestaba y decía: "No lo puedo evitar. Así nací". Siempre que decía eso, mi corazón estaba con él. Pero, era mejor que se diera cuenta de que nos estaba dando una *bueeeeena* razón.

Las razones y sus complicaciones

Los estudios demuestran que las personas son selectivas cuando se trata de registrar lo que les pasó en realidad (o a su alrededor). Sin importar qué tan seguro estés de lo sucedido, es probable que te equivoques. No puedes saber la razón del comportamiento de alguien más.

Para complicar más las cosas, a veces somos deshonestos sobre la razón de nuestro comportamiento.[1] Un clásico ejemplo viene de un profesor japonés en uno de mis talleres. Afirmaba que quería pasar más tiempo con su familia, pero estaba muy ocupado en el trabajo. Cuando le hice algunas preguntas y obtuve detalles sobre sus actividades diarias, me quedó claro que desperdiciaba mucho tiempo en el trabajo. Eligió permanecer hasta tarde en la universidad, socializar con sus colegas durante las tardes y hacerse la víctima diciendo que se iba a casa más tarde que todos (mientras recibía compasión por no poder pasar más tiempo con su familia). Era claro que había tomado una decisión, y estar muy ocupado en el trabajo era, por supuesto, una basura de razón. De inmediato fue obvio para todos los del taller, pero me tomó media hora obtener un destello de reconocimiento de su parte.

Las cosas pasan; a veces las hacemos nosotros y a veces otros. Si te gusta lo que pasa, sigue haciendo lo que haces y espera que siga funcionando bien. Si no te gusta, hazlo de manera diferente la próxima vez. Las razones se meten en el camino de este simple enfoque pragmático.

Estamos mucho mejor sin razones. Proveen a las personas de excusas para continuar comportándose de manera disfuncional. El mundo sería un lugar mejor sin pretextos ¿verdad?

Bueno, es cierto, no tener razones nos guiaría a una extraña existencia. Sin razones, lucirías como una persona irracional para todos los demás. Entonces ¿a dónde nos lleva esto?

Tengo dos enfoques para el problema: uno hacia el exterior de la persona y otro al interior. *De manera externa* usas las razones en conversaciones diarias cuando las necesitas y eso parece normal y razonable. *De manera interna* observas las razones que das de manera externa y cuestionas cada una. Nuestro ser interior también nota los pretextos dados por las personas con las que interactuamos. Con el simple hecho de identificar cómo se usan las excusas, puedes entender tu comportamiento y tus relaciones con los otros.

Este enfoque funciona bien para cambiar tus propias acciones. Pero ¡no se puede usar para cambiar a otros! Decirle a alguien más que sus razones son una basura no es tu trabajo, a menos que te estén pidiendo consejo (como tomar tu clase o leer tu libro). Si lo haces, rápido te convertirás en una persona poco agradable. La mejor manera de componer el mundo es arreglándote a ti mismo. Como siempre les advierto a mis estudiantes y a los participantes de mis talleres: ¡No intenten esto (en nadie) en casa!

Haz un pacto contigo de no dar razones a menos que sea una obligación. De hecho, esta posición otorga un poder increíble. Ten la confianza suficiente en tus acciones para no tener que explicarte. Confía en ti y actúa.

Recibo muchas solicitudes de estudiantes alrededor del mundo que quieren unirse a mi equipo de investigación en Stanford. Si sé que no los voy a aceptar, simplemente les agradezco por el interés, les digo que lo siento y que no puedo darles un lugar. De manera invariable esto siempre termina la conversación. Cuando mucho obtengo una nota de agradecimiento. Pero si justifico mi acción con una razón, la conversación continúa porque el alumno intenta convencerme. En el pasado daba razones basura y de alguna manera sentía que era más amable. Claro, es cierto que estoy muy ocupado, que pronto me tomaré un año sabático o cualquier otra cosa que le haya dicho al estudiante, aunque si me sintiera seguro con esa persona la aceptaría. Para ser sincero, es difícil pensar en una *bueeeeena* razón por la que no podría trabajar si en realidad lo quisiera.

Las acciones hablan más que las razones. ¡No des razones a menos que sea necesario!

Decir lo contrario

Con frecuencia expresamos lo contrario de lo que en realidad queremos decir cuando encaramos creencias o comportamientos que nos parecen problemáticos. Recuerdo un joven colega muy agresivo que lanzó una queja contra una larga y prestigiosa conferencia de robótica. Preparó una nueva conferencia con el propósito de estar en competencia directa con la original. Cuando pregunté cuál era su motivo, me dijo: "La última cosa que me gustaría hacer es quitar autoridad a la conferencia que ya existe, pero se necesita una nueva conferencia".

No se me había ocurrido que su motivación fuera quitarle autoridad a la conferencia existente hasta que él lo dijo. Cuando negó una acusación que nadie hizo, me quedó claro que buscaba desacreditarla. Había proyectado su propia culpa en mí en forma de una acusación que nunca hice.

Seguro has escuchado las expresiones: "Lo que te choca, te checa", "explicación no pedida, culpabilidad manifiesta" o "dime de qué presumes y te diré de qué careces". Con frecuencia, si alguien hace todo lo posible por decirte que no es un mentiroso, criminal, problemático, envidioso y demás, es probable que sí lo *sea*.

Todos hemos dicho lo contrario de lo que queríamos al menos una vez, y aceptémoslo, por mucho que nos guste convencernos de que nuestras razones son genuinas, por lo general estamos más preocupados por nosotros. Para mantener esto bajo control, dale vuelta a tu cabeza. En el momento en que tú o alguien más diga una razón para un comportamiento, sólo sustitúyelo por lo contrario. Por ejemplo, si dices: "Le estoy contando a Kathy lo que su compañero comentó sobre ella *por* su bien, no por el mío", invierte la razón en tu cabeza: "Lo estoy diciendo por mi bien, no por el suyo". Con frecuencia verás que ésta es la verdadera razón.

Proyección

La proyección es una respuesta común. Sucede cuando una persona atribuye a otra una característica o sentimiento, pero la primera persona es quien tiene dicha característica o sentimiento. Aunque los psicólogos por lo general usan el término *proyección* para describir un comportamiento negativo, proyectar tanto aspectos positivos como negativos de nosotros en los otros es una parte importante de la vida que puede ser una gran influencia en nuestras interacciones con los demás. La experiencia de ver características en otros nos ayuda a verlas en nosotros. Si notas un defecto en otra persona, es probable que signifique que tú tienes el mismo defecto.

La proyección le da color a casi todos los aspectos de las relaciones interpersonales. Una persona honesta e ingenua pensará que todas las personas que conoce son honestas. Alguien hipócrita y deshonesto tiende a ser precavido con los demás porque proyecta su comportamiento manipulador en ellos. Cuando nos proyectamos en otros, tenemos una *bueeeeena* razón para pensar que sabemos explicar su comportamiento.

Como ahora sabes, no soporto llegar tarde porque tengo un problema con la impuntualidad. Así que pienso que los demás comparten la misma preocupación. Cuando la gente se retrasa no entiendo cómo pueden ser tan irresponsables. Pero, sólo después de obsesionarme con llegar a tiempo empecé a darme cuenta de la impuntualidad de los demás.

Es tu turno

Una forma de ver qué tan prevalentes son las proyecciones es enlistar las cosas que te molestan de los demás. Luego toma estas mismas cosas y piensa cómo se muestran en tu propia vida. Por ejemplo, yo diría: "Odio cómo mi hijo Elliot pelea con su amiga Claudia" ya que (no es de sorprender) "yo odio cómo peleo con mi esposa".

Hay una cantidad innumerable de cosas que te pueden gustar o disgustar sobre las personas. Que yo haya elegido mencionar primero las discusiones dice algo sobre mí. Me dice que discutir es un problema tan importante para mí que proyecto mis sentimientos sobre eso en mi hijo. Darse cuenta de esto proporciona una gran herramienta para el autoconocimiento, y tal conocimiento nos hace más empáticos con las dificultades de los demás.

El autodesprecio juega un gran papel en este aspecto de nuestra personalidad. En el capítulo 4 de *The Adjusted American*, el libro que mencioné antes, Snell y Gail Putney exploran este concepto: "Los hombres odian en los demás aquellas cosas que desprecian en sí mismos. Es posible desaprobar a otras personas de manera racional y no apasionada, pero odiarlos es un acto irracional y apasionado. La pasión traiciona el autodesprecio subyacente... El origen del odio radica en los intentos del individuo para repudiar cierto potencial de uno mismo".

En otras palabras, si sentimos, incluso de manera inconsciente, características en nosotros mismos que preferiríamos no reconocer porque son ajenas a nuestra autoimagen, negamos su existencia y las proyectamos en otros. Por lo tanto, nuestro odio hacia los otros en realidad es el odio hacia nuestras capacidades no deseadas o temidas que proyectamos en alguien más. Para llegar más allá de los efectos autodestructivos del odio, es necesario ser capaz de aceptar una verdad básica sobre nosotros: *todos somos capaces de realizar cualquier acto humano.*

AMOR Y MATRIMONIO

La proyección también juega un gran papel en Putney y en su provocativa afirmación de que el *matrimonio por amor es una mala idea* (capítulo 10). Puesto en nuestros términos, dicen que casarse por amor es una *bueeeeena* razón. Para muchos de mis estudiantes, ésta es una versión de la ya mencionada historia del gato de ojos amarillos. Todos fueron criados con la idea de que el matrimonio por amor no es sólo deseable, sino uno de los logros más altos posibles.

Una vez, un amigo me dijo que estaba enamorado de la idea de enamorarse. Sabía a qué se refería. Enamorarse puede ser un gran sentimiento, en especial si tu amor es recíproco. De manera incidental, cuando se casó por amor, resultó ser un desastre. El problema es que a menudo la gente confunde amor con matrimonio. Enamorarse depende mucho de la proyección, mientras que el matrimonio está libre de proyecciones (relativamente).

Justo como el odio es el resultado de proyectar nuestras

propias cualidades negativas en alguien más, el amor es el resultado de proyectar las positivas. Nos enamoramos de las cualidades que nos gustaría tener o tenemos y deseamos compartir con la otra persona. Por lo general estas cualidades que admiramos están en disputa con nuestra autoimagen, así que evitamos de manera consciente poseerlas y en cambio las proyectamos en alguien más. Con el tiempo estas proyecciones idealizadas se borran con la realidad de la vida. Cualquier matrimonio basado principalmente en cualidades proyectadas está destinado a tropezar.

Un matrimonio exitoso resulta cuando ambos pueden ser felices siendo como son en realidad y al hacerlo añaden dicha el uno al otro. Como los Putney señalan: "Cada uno está buscando sinceridad, amabilidad y la exploración del propio potencial (capacidades sexuales y muchas otras), todo esto se facilita por la cooperación de alguien más comprometido en un desarrollo similar. Tales personas no se preocupan por ser amadas o mantener ilusiones románticas. Más bien tratan de disfrutar la vida, juntos".

El amor es la máxima actividad irracional. Cuando te preguntan por qué amas a tu pareja, dices algo como: "Es inteligente, tiene una gran sonrisa y es amable con los animales". Claro que esas razones son verdades a medias. Puedes encontrar muchas mujeres que son inteligentes, tienen gran sonrisa y también aman a los animales. ¿Por qué no las amas a *todas*? Nadie sabe con exactitud por qué se enamora. Los Putney lo llamaron proyección, tu puedes llamarlo química, destino o como quieras. Te atrae la persona que te atrae, y cualquier razón que te digas seguro es una basura.

Solía ver con malos ojos la institución de los matrimonios arreglados. De manera sorprendente mi actitud cambió por completo cuando visité India y pasé tiempo en los hogares locales. Vi tanto (o más) afecto genuino entre marido y mujer que en los Estados Unidos. Ahora siento que los jóvenes de

India tienen suerte de tener una cultura donde la gente que los ama y los conoce bien los ayudan a encontrar una pareja adecuada para el matrimonio.

La idea de que el matrimonio une familias enteras, no sólo a dos personas aisladas, también es muy atractiva. No es un sistema perfecto, puede haber compulsión y razones ocultas por parte de los padres. En mi experiencia esto es muy raro entre familias educadas. Si ambas partes tienen poder de veto, creo que en muchas formas el sistema es superior a hacer citas por internet y a las escenas de bar que parecen ser las mejores opciones para la gente soltera en este lado del mundo. La diferencia básica es que en los Estados Unidos un hombre se casa con la mujer que ama, en India el hombre ama a la mujer con la que se casa.

Decisión e indesición

Cuando tomas una decisión sobre algo, siempre necesitas una *bueeeeena* razón. Es fácil angustiarse hasta por la más pequeña decisión. Mi esposa y mi hijo son muy indecisos. Mi hijo siempre espera hasta el último minuto. Su pensamiento es, ¿por qué comprometerse antes de que sea en verdad necesario? Una mejor oportunidad puede llegar. Puede funcionar para él, pero es difícil para la gente a su alrededor. Ruth ve lo negativo en cada opción, así que es renuente a elegir algo que no sea perfecto.

Mi esposa e hijo son víctimas de la paradoja del burro de Buridan, nombrada así por el filósofo francés del siglo xiv, Jean Buridan. Se basa en una vieja fábula sobre un burro que muere porque no puede hacer una decisión racional entre dos alternativas atractivas, comer heno o beber agua. Esta fábula dio pie al método del burro de Buridan, en el cual la decisión se basa en eliminar la opción que tiene más cosas negativas y así aseguras no terminar como el burro. En esencia, Ruth reinventó este método, mientras que mi hijo con frecuencia está en peligro de inanición por su indecisión.

Todavía me río del tiempo que estuve en Francia y llegué a una intersección Y. La flecha apuntando a la izquierda y la flecha apuntando a la derecha tenían el nombre del mismo pueblo. Me orillé y pasé varios minutos ahí con el ceño fruncido, preguntándome para dónde ir. Claro que al final no importaba, ¡ambos caminos iban al mismo lugar! Todos haríamos bien al recordar el viejo dicho, "si no sabes a dónde vas, no importa el camino que escojas".

Tomar decisiones importantes tras una consideración adecuada es una buena forma de vivir la vida. Pero, con frecuencia la gente deja que la agonía de decidir se extienda por mucho tiempo. Como en la fábula del burro, tienen toda la información relevante y aun así no pueden decidir.

Al aconsejar a mis estudiantes sobre tomar decisiones importantes en la vida, he descubierto que después de que han expuesto el problema en cuestión y hemos discutido los pros y contras de cada opción, lo mejor es introducir "la prueba de la pistola". Verás que es muy científica. Pongo los dedos en forma de pistola, señalo a un estudiante y digo: "Bien, tienes quince segundos para decidir o jalo el gatillo. ¿Cuál es tu decisión?"

¡Siempre saben la respuesta! Incluso si al final no toman ese camino, por lo general este ejercicio libera la presión que se genera alrededor del proceso de tomar una decisión y los acerca a una resolución.

Ahora mencionaré otra herramienta que uso en el método del viaje de la vida. Si una estudiante presenta un problema con dos posibles caminos a seguir, le pido que elija una opción y después imagine cómo sería su vida como resultado de esa elección. Resulta algo como esto:

ESTUDIANTE: Ok, escojo hacer el doctorado.
YO: ¿Después qué pasa?
ESTUDIANTE: Obtengo el doctorado.
YO: Bien, ¿después qué pasa?
ESTUDIANTE: Me gradúo y obtengo un trabajo como profesora.
YO: Bien, ¿después qué pasa?
ESTUDIANTE: Me caso y compro una casa.
YO: Bien, ¿después qué pasa?
ESTUDIANTE: Tengo hijos.
YO: Bien, ¿después qué pasa?
ESTUDIANTE: Mis hijos crecen y se casan.
YO: Bien, ¿después qué pasa?
ESTUDIANTE: Me hago vieja.
YO: Bien, ¿después qué pasa?
ESTUDIANTE: Muero.

Después le pido a la estudiante imaginar su vida si toma el otro camino. Resulta algo como esto:

ESTUDIANTE: Dejo la escuela después de la maestría.
YO: ¿Después qué pasa?
ESTUDIANTE: Obtengo un trabajo en la industria o empiezo una compañía.
YO: Bien, ¿después qué pasa?
ESTUDIANTE: Hago mucho dinero.
YO: Bien, ¿después qué pasa?
ESTUDIANTE: Hago todo lo del matrimonio, hijos y casa.
YO: Bien, ¿después qué pasa?
ESTUDIANTE: Me hago vieja y muero.
YO: Así que el final es el mismo. No importa que camino sigas, al final vas a morir.

El punto de esto es que la gente se dé cuenta de que no hay forma de saber a dónde te llevará una decisión. La mejor manera de avanzar está en la metodología del pensamiento de diseño: muestra preferencia a la acción y no tengas miedo al fracaso. Creo que a la gente le funciona aceptar que las decisiones son parte del proceso para seguir adelante y hay muchas variables, así que es una pérdida de tiempo intentar ver el final. Cuando nos damos cuenta de que las decisiones no son de vida o muerte, las podemos tomar sin estresarnos de más.

Ahora, mucho de esto va en contra de la teoría de análisis de decisiones, la cual presenta métodos analíticos para tomar buenas decisiones, incluso cuando no hay información precisa. Por desgracia, en cuestiones personales las herramientas cuantitativas pueden ser inadecuadas para captar sutilezas, y por lo tanto llevar a conclusiones erróneas.

Hace muchos años viví en la casa de huéspedes del Instituto Indio de Ciencias, en Bangalore, India. Kumar, un joven ingeniero que me visitaba con frecuencia, dijo que se iría tres semanas. Tomaría el tren a su pueblo natal en el norte para elegir esposa. Su familia había seleccionado seis candidatas. Iba a conocerlas, decidir quién era la más adecuada y casarse con ella.

Un mes después Kumar reapareció, llevaba una persiana enrollada. Cuando la desenrolló, vi que había hecho una gran y compleja tabla para tomar la decisión, una herramienta estándar que se usa en la teoría de análisis de decisiones. En ella estaban enlistados los nombres de las seis posibles novias, cada fila representaba una mujer. Las siete columnas tenían como título una característica en la que estaba interesado. Cada mujer fue calificada con un número para cada atributo (del 1 al 10) y cada uno de estos números se multiplicó por el factor de importancia dado a cada atributo. Los siete factores de importancia se eligieron para que sumados dieran un total de 10. Si hubiera evaluado los atributos de manera equitativa, todos los factores de importancia habrían sido de 10/7 (que podemos redondear a un aproximado de 1.4).

Nombre		Apariencia		Personalidad		Atracción		Educación		Carrera		Riqueza		Familia		Total
1		8		10		14.4		15		7.2		5		12		71.6
2		7.2		16		18		12		5.4		8		18		84.6
3		7.2		14		10.8		10.5		4.5		6		16		69.1
4		6.4		18		12.6		6		1.8		6		14		64.8
5		8		8		12.6		10.5		3.6		4		12		58.7
6		6.4		12		16.2		13.5		7.2		8		18		81.3

La última columna muestra la suma de los siete números de la fila. La mujer que corresponde a la columna con el número más grande, la segunda de la tabla, habría sido la novia elegida. Muy racional, justo lo que esperaba de un buen ingeniero. Pero mientras más me platicaba de sus reuniones con las mujeres, era más claro que esto no era tan racional como él pretendía.

Había dos grandes fallas de objetividad: primero, el hecho de que la puntuación otorgada a cada mujer fuera subjetiva. Segundo, que no fue del todo honesto consigo mismo sobre los factores de importancia. Por ejemplo, me dijo que a "riqueza" le dio un factor de importancia de 1 porque no le importaba tanto. Pero a "familia" le dio un factor de 2. Cuando le pregunté qué buscaba al evaluar "familia", respondió: "Cosas que indiquen si la familia es rica".

El atributo más confuso de todos parecía ser el de "carrera". Kumar me dijo que quería que su esposa tuviera una profesión y no se quedara la casa, pero también quería que estuviera disponible para encargarse de la comida si, al último minuto, decidía invitar a algunos de sus colegas del trabajo a cenar. Así que le dio un factor bajo de 0.9.

Después de decirme todo esto, me quedó claro que había manipulado los números en favor de la mujer con la que se sintió más conectado durante sus cortas reuniones. ¡Demasiado para un pensamiento analítico! (Resultó que la intuición funcionó bien: Kumar y su esposa llevan veinticinco años felizmente casados.)

La toma de decisiones se ha convertido en un gran negocio y todo el tiempo se desarrollan nuevas herramientas. Pero todas recaen en un sistema de valores y creencias que requiere un pensamiento lógico y sistemático. Este enfoque atrae a personas que por naturaleza son críticas y valoran el llamado pensamiento racional. Si pudiera otorgar buenas decisiones a la mayoría de las encrucijadas de la vida sería genial. Por desgracia no se puede.

En mi experiencia, tanto los métodos cuantitativos como los sentimientos tienen su lugar. Tiendo a ser pragmático y no descarto mi intuición. Si una herramienta me da buenas respuestas, la uso. En cualquier caso, cuando tomas decisiones, no hace daño tener en mente la comprensión del capitán Ahab sobre la persecución de Moby Dick: "Todos mis medios son sanos, *mis motivos y mi objetivo están locos*".

Los mejores métodos científicos para tomar decisiones no te ayudarán si tu problema no se puede responder de manera racional. Ahab seguía un curso lógico de acción, pero perseguía algo irracional. Asegúrate de que tu motivo es bueno antes de molestarte en descubrir cómo encontrarás una respuesta.

No escuches a tu profesor

Tengo un estudiante de doctorado de Bulgaria cuyo padre era un profesor muy conocido. El joven llevaba una vida privilegiada en su país, era brillante y curioso.

Después de un tiempo comenzó a hacerme preguntas sobre cosas de los Estados Unidos que lo confundían. Por ejemplo, en Bulgaria había un sólo precio para la gasolina a nivel nacional. Él no podía entender cómo algunas gasolineras en mi país podían cobrar más que otras y sobrevivir. Preguntó: "¿No van todos a la gasolinera más barata?"

En ese momento no supe la respuesta a su pregunta. Claro, ahora que tengo la mentalidad de la *d.school*, ¡le diría que fuera a preguntarle a la gente que carga gasolina en la estación cara! De todos modos fue fascinante ver los Estados Unidos a través de sus ojos curiosos.

Después vino a mí con un serio problema. Había comenzado a darse cuenta de que era imposible hacer muchas cosas sin una tarjeta de crédito. No podía rentar videos o un auto y en muchos lugares pedían una segunda forma de identificación, que él no tenía. El problema era que no podía conseguir una tarjeta a menos que ya tuviera un crédito. Decidí dejarlo aplicar conmigo para una tarjeta en conjunto.

El trato era éste: yo no usaría la tarjeta, y pagar la factura sería su única responsabilidad. Recibimos dos tarjetas por correo y yo destruí la mía. Pocos días después llegó con una correspondencia que había recibido. Como bono por solicitar las tarjetas, nos eligieron para comprar un paquete de boletos de la lotería canadiense en Columbia Británica. Por sólo veinte dólares teníamos la oportunidad de ganar valiosos premios. Me preguntó qué pensaba. Le di mi más sabia explicación neoyorquina de lo inocente que era: Tira la oferta a la basura. Además, incluso si fuera una oportunidad honesta, seguro él era lo suficientemente listo para saber lo ridículas que eran las probabilidades de ganar. Con certeza, éstas eran *buёeeeenas* razones para no hacerlo.

Cierra los ojos e imagina el resto de la historia.

¿Ya? Bueno.

Esto fue lo que pasó.

Envió sus veinte dólares y ganó un gran premio: un carro de lujo u $80,000 dólares canadienses. Escogió el dinero (libre de impuestos porque era extranjero). Él y su novia lo usaron para su boda y pagar parte de una casa. Pronto tuvieron hijos y ahora viven felices en California.

Ésta fue otra ocasión en la que me dio gusto que alguien no escuchara mi voz racional de experiencia y pericia. Supongo que cuando se trata de accidentes en la vida real, ni siquiera los profesores saben mucho al respecto. El punto de la historia no es ignorar todos los consejos, sino concientizar que debes vivir con las consecuencias, buenas o malas. Hacer o no hacer. Seguir un consejo o ignorarlo. Cuando tomes tus decisiones ten en mente que incluso cuando las probabilidades están en tu contra, todavía puedes ganar. La vida es una apuesta, y al final tú tienes que decidir por ti mismo.

¿Quién te detiene en realidad?

Si hay algo que en realidad quieres hacer, muchas veces es tan simple como sólo hacerlo. Recuerda, estoy hablando de cosas reales, no de sueños guajiros. Al final no necesitas trucos o timos. Se resume a la diferencia entre *intentar* y *hacer*, entre *hablar* sobre algo y *actuar*. Al final depende de dos cosas: *intención* y *atención*. ¿En serio piensas hacer eso? ¿Estás dispuesto a darle la atención que requiere?

Si es así, sólo necesitas empezar. Hablando con el lenguaje del pensamiento de diseño, es tiempo de promulgar lo que llamamos *preferencia a la acción* y determinar cómo puedes moverte hacia tus metas.

Digamos que tu objetivo es escribir un libro.

Revisar Facebook cinco veces al día no va a ayudarte. Hablar sobre eso no va a ayudarte. Mensajear con tus amigos no va a... bueno, entiendes la idea. Incluso unirte a un grupo de escritores o asistir a conferencias de literatura no te hará llegar a tu meta. Lo que te llevará ahí es poner tu trasero en la silla y tus dedos en el teclado por largas jornadas de tiempo. Tienes que comprometerte con la escritura, incluso si el primer borrador es terrible.

Cuando me dispuse a escribir este libro, comencé despertándome más temprano para poder escribir antes de que Ruth abriera los ojos. Lo hacía incluso si eso significaba tener pocas horas de sueño. Me tomé algunos días libres de vez en cuando, pero fueron la excepción. La regla era estar en mi computadora cada mañana hasta terminar. Elegí hacerlo mi prioridad sobre cualquier otra cosa que me pudiera distraer.

Cuando las personas hablan sobre quién las detiene para lograr sus metas, con frecuencia es una crítica. Un familiar pudo haber dicho un insulto sin querer, un maestro te pudo haber dado una mala calificación, un antiguo jefe pudo haber pensado que eras un tonto. Pero ninguna de estas críticas puede detenerte en realidad, y ninguna persona negativa merece atención en tu camino. Aunque se hayan robado tu teclado y roto todos tus lápices, no tienen ningún poder para detenerte.

En realidad, nadie trata de evitar que logres tus metas. Por lo general, la situación es como la que se retrata de manera brillante en la serie británica *The Prisioner*. A través de la serie, el héroe, identificado como Número Seis, trata de escapar de gente malvada que trabaja para el villano, Número Uno. Al final, en el último episodio, Número Seis entiende la respuesta a su pregunta "¿Quién es Número Uno?" Cuando escuchó la respuesta por primera vez (en el episodio 1) sonaba así: "Tú eres Número Seis". Ahora entiende que la respuesta es "Tú eres, Número Seis". Es decir, se había atrapado de manera metafórica. Como dice Franz Kafka: "Estaba en una jaula con barrotes. Con calma e insolencia, como si estuviera en casa, el estruendo del mundo entraba y salía a través de los barrotes, el prisionero en realidad estaba libre, podía tomar parte en todo, nada que saliera se le escapaba, simplemente podía salir de la jaula, los barrotes estaban separados por metros, ni siquiera era un prisionero".

Incluso cuando hay un obstáculo real, es posible rodearlo. Hace años, Ruth y yo viajamos a India y cambiamos nuestra fecha de partida por teléfono, así que nos íbamos un día antes. Cuando llegamos al aeropuerto de Delhi como a las 2:00 am, el policía no nos dejó entrar a la terminal porque nuestro boleto tenía escrita la fecha del día siguiente. Le explicamos que habíamos hecho el cambio de fechas, pero él no se movió.

Le señalé el mostrador de United Airlines que estaba a la vista y le pedí que me permitiera ir para que corrigieran la fecha en mi boleto y regresar a mostrárselo. Se negó. Le ofrecí dejarle mi pasaporte como garantía. Se negó. Le ofrecí a mi esposa y mi pasaporte. ¡Siguió negándose!

Después tomé una decisión audaz. Había visto su rifle, lucía muy viejo, es posible que fuera de antes de la independencia, y seguro no servía. Pensé que era más probable que le explotara en las manos a que una bala me alcanzara. Así que con tranquilidad tomé la mano de Ruth y pasé. No disparó y yo no miré atrás.

La mayoría de las veces no hay guardias armados, sólo nos detenemos nosotros mismos. Somos el Número Uno. Eres responsable de decidir qué haces o qué no haces. No culpes a otros y no uses razones para justificar o racionalizar tu comportamiento. Aunque parezca que las excusas te sacan de las dificultades en el momento, a largo plazo son contraproducentes.

El problema del tiempo

Una de las excusas más grandes que usamos cuando no terminamos algo es la falta de tiempo. Todos tenemos las mismas veinticuatro horas del día, y aun así, lo que la Madre Teresa, Albert Einstein, Bill Gates y Martin Luther King Jr. lograron en sus días es mucho más de lo que otros han conseguido.

La diferencia es la intención y la atención. No es que ellos tuvieran más tiempo, es que ellos se *hicieron* tiempo. Cuando algo es una prioridad en tu vida, debes estar dispuesto a alejarte de cualquier cosa que se ponga en tu camino. Si hay algo que no sirve y roba tu tiempo, ¿por qué lo dejas? Al entender que horas extras no van a aparecer en tu reloj, ¿cómo puedes hacer tiempo para conseguir lo que necesitas?

A veces ayuda escribir en un diario por unos días. Anota (de manera honesta) lo que haces todo el día y cuánto tiempo usas para cada actividad. ¿Estás gastando más tiempo del que pensabas en bañarte y alistarte en la mañana, mensajeando, mandando correos, explorando en internet, jugando videojuegos? Incluso cosas positivas como leer o cocinar pueden quitar mucho tiempo cuando estás tratando de terminar algo. Si necesitas concluir un reporte o todavía no entregas una aplicación larga, en lugar de procrastinar y de sentarte a pensar en eso, invoca tu preferencia a la acción y aparta tus actividades normales. Acaba el trabajo. En lugar de cocinar, abre una lata. En lugar de leer el periódico, guárdalo para después.

En el mundo moderno tenemos un suministro interminable de hoyos por donde se van las horas. No caigas en ellos. Retoma el tiempo para apoyar tus intenciones.

DESBLOQUéate

3. Desbloquéate

Si no vale la pena hacerlo, no vale la pena hacerlo bien.

Anónimo

Un borracho camina por la calle y choca contra un poste. Rebota. Después de recobrar la compostura sigue caminando sólo para chocar de nuevo con el mismo poste y experimentar un rebote similar. Recobra la compostura y vuelve a chocar y rebotar hacia atrás. Estas acciones se repiten varias veces. Al final, con frustración, se sienta en el piso y dice: "Me rindo. Me tienen rodeado".

Si no estás borracho, cuando ves un obstáculo en tu camino, o experimentas el primer o segundo rebote, lo rodeas. Por desgracia, a veces se dificulta. Muchas veces piensas que estás rodeado y respondes de la misma forma que el borracho. Así que, suponiendo que estás sobrio, ¿cómo rodeas los obstáculos?

Rodear el poste

La respuesta es cambiar la forma en que piensas sobre el problema. Como tarea en uno de mis cursos de diseño le pido a cada estudiante que encuentre algo en su vida que le moleste y que lo arregle. Un estudiante, Krishna, dijo que su cama no servía y al parecer no tenía buenas noches de sueño. Su tarea era resolver el problema. Esto comenzó una saga que duró varias semanas.

La primera semana Krishna reportó que no podía localizar el alambre adecuado para arreglar la estructura. La segunda, que no había encontrado las herramientas correctas. La tercera, no hallaba unos resortes pequeños. Al final perdí la paciencia y le dije que si no resolvía el problema para la siguiente semana reprobaría. Llegó a la siguiente semana con una gran sonrisa en la cara, sabía que el drama había terminado. Cuando lo llamé para reportar sobre su proyecto sólo dijo: "Compré una cama nueva".

Es un gran ejemplo del error que cometemos al trabajar en una respuesta como si fuera una pregunta. El pensamiento de diseño enfatiza que siempre te debes asegurar de estar trabajando en el problema real. Su error fue que originalmente intentó resolver el problema equivocado. Empezó a trabajar con la pregunta "¿cómo puedo arreglar la cama?" La pregunta real era "¿cómo consigo una buena noche de sueño?" Esto abrió el espacio de soluciones de manera considerable y permitió alejarse de las dificultades encontradas al querer arreglar la cama. Cuando Krishna comenzó a trabajar en el problema correcto, la solución fue fácil: conseguir una cama nueva. Esto le permitió caminar alrededor del poste autoimpuesto llamado "arreglar la cama".

IR AL NIVEL SUPERIOR

¿Alguna vez has tenido un problema que al parecer no puedes resolver? Es probable que reflexiones sobre soluciones una y otra vez, quizá hasta te quite el sueño. Apuesto a que estás tratando de arreglar el problema equivocado. Cuando no encuentras la respuesta, con frecuencia es porque no haces la pregunta correcta.

Para ilustrar esto, tomemos la siguiente interrogación: "¿Cómo encontrar esposa?"

Sólo porque tiene signos de interrogación no significa que sea una pregunta. Quita el "cómo" y obtienes una declaración: "encontrar esposa". Esto se puede considerar una respuesta. Así, vemos que "encontrar esposa" se puede considerar como una pregunta o una respuesta.

"Encontrar esposa" podría ser una respuesta ¿a qué pregunta? Hay muchas. Algunas posibilidades son:

- ¿Cómo tener compañía?
- ¿Cómo conseguir alguien que me cuide?
- ¿Cómo dejar de trabajar?
- ¿Cómo tener más sexo?
- ¿Cómo hacer para que mis padres dejen de molestarme?
- ¿Cómo tener una mejor posición económica?
- ¿Cómo mejorar mi vida social?
- ¿Cómo seguir el ritmo de mis amigos?

Cada una de estas preguntas, consideradas un problema, tiene muchas soluciones posibles. Encontrar esposa es sólo una respuesta posible para cada una. En la actualidad, puede no ser una buena solución para ninguno de esos problemas.

La experiencia me ha enseñado que una de las causas principales de la pérdida de sueño por un problema es que pensamos que nos enfrentamos con una pregunta cuando de hecho estamos lidiando con una respuesta (una solución) que resulta que no encaja bien con nuestro problema.

Una forma de darle la vuelta a este dilema es haciendo la pregunta, "¿qué pasaría al resolver el problema?" La respuesta se puede convertir en una nueva pregunta más generativa.

Si creo que quiero una esposa para satisfacer mi necesidad de compañía, el problema real (pregunta) es "¿cómo encontrar compañía?"

Ahora, encontrar esposa se convierte en una de las muchas maneras posibles de encontrar compañía. Al cambiar la pregunta alteré mi punto de vista y expandí de manera dramática el número de soluciones posibles.

De manera gráfica, la situación se puede ilustrar así:

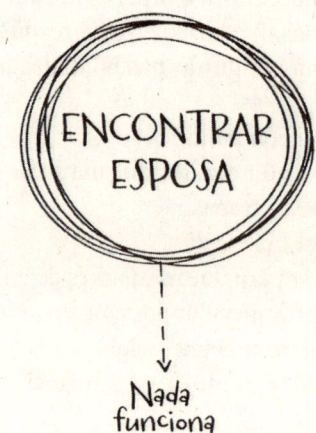

Como no he sido capaz de encontrar esposa hasta ahora, puedo tomar un camino diferente: preguntar ¿qué pasaría al encontrar una esposa?

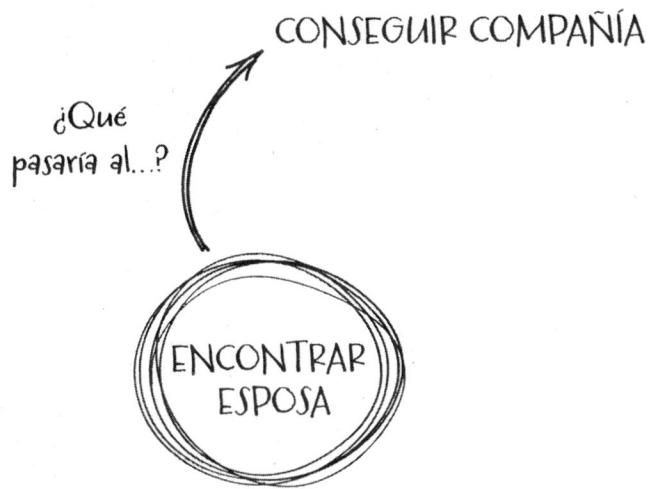

Creo que me daría compañía. Entonces la nueva pregunta es: "¿Cómo conseguir compañía?" El diagrama de abajo muestra respuestas posibles.

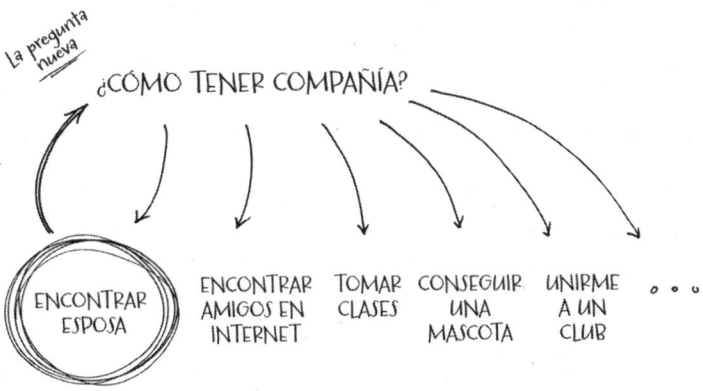

Ya no estoy bloqueado tratando de encontrar esposa. Es así de simple.

Identificar lo que esperas de la solución del problema en el que estás atorado te lleva a un nivel superior y, al final, a una mejor pregunta.

Muchas veces, cambiar la pregunta es suficiente para llegar a una resolución satisfactoria y hacer que la dificultad original desaparezca. En este ejemplo, si investigo cómo conseguir compañía sin casarme, el problema de encontrar esposa se vuelve irrelevante.

Este proceder se puede repetir empezando en el nivel superior. Si la pregunta sobre cómo podría encontrar compañía se vuelve difícil de resolver, preguntaría: "¿Qué pasaría al encontrar compañía?"

Algunas respuestas posibles pueden ser:

- Me sentiría menos aburrido.
- Obtendría estimulación social.
- Obtendría estimulación intelectual.
- Me sentiría menos solo.
- Me sentiría más seguro.

Al elegir la que parece más resonante (me sentiría menos solo) y convertirla en una pregunta, obtengo una cuestión nueva. "¿Cómo sentirme menos solo?" está muy lejos de la pregunta original "¿cómo encuentro esposa?"

Mucha gente casada se siente sola dentro del matrimonio, entonces es claro que resolver el primer problema (encontrar esposa) no resuelve el problema actual de estar solo.

Ahora la situación luce así:

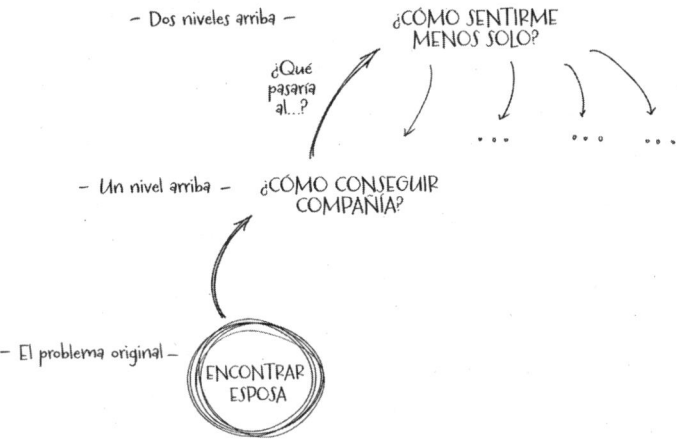

Usa este procedimiento cuando te encuentres bloqueado y sin dormir por un problema. Con frecuencia puede abrir un amplio rango de nuevas soluciones. El problema original desaparece, y la forma de proceder se vuelve obvia de inmediato.

Para que esto funcione necesitas ser lo suficiente honesto y no quedarte con la pregunta original, sin importar qué tan cómodo te sientas golpeándote con el poste. Debes estar consciente de que hay una tendencia a racionalizar nuestro comportamiento disfuncional con excusas. Recuerda, no las llamamos excusas, sino razones. Eso sí, son *bueeeeenas* razones ¿verdad?

No siempre hay una sola respuesta a la pregunta: "¿Cómo me beneficiaría si encontrara la solución para mi problema?" Repite la pregunta "¿Cómo..?" con diferentes alternativas hasta que sientas ese ¡ajá! que surge al entender y reconocer tu problema actual.

He tenido estudiantes que sienten que este método no resuelve el problema original, sólo lo reemplaza con algo que puedes resolver. Pero no se dan cuenta que a veces, dejar ir un problema es la mejor solución. En especial, esto funciona cuando estás abordando el problema equivocado.

Los bloqueos para triunfar en este ejercicio ocurren cuando no podemos soltar la pregunta original. Por ejemplo, en uno de mis talleres una mujer preguntó: "¿Cómo le hago para asegurar que mi hija entre a una buena universidad?" Tuvo que luchar mucho para admitir que su principal recompensa al resolver el problema sería reducir su nivel de ansiedad. Cuando dio ese salto, la pregunta de un nivel superior fue: "¿Cómo me hago menos ansiosa?" El nuevo problema, estaba muy lejos de su hija entrando a una buena universidad. De hecho, tenía poco que ver con eso. Así que si la madre fuera honesta, empezaría a trabajar en el problema real: su ansiedad.

Es tu turno

Para experimentar el proceso de rodear el poste, piensa en un problema por el que hayas perdido el sueño. Debe ser algo que te sigue molestando y se relaciona con tu vida, tus relaciones o tu trabajo, no algo abstracto o global (como cómo lograr la paz mundial).

Escribe el problema con una frase interrogativa simple y corta. Después pregúntate qué pasaría si este problema se resolviera. En otras palabras, si fuera algo que ya no te quita el sueño, ¿qué pasaría? Escribe la respuesta arriba de tu pregunta original. Ahora convierte esa respuesta en pregunta y toma unos minutos para considerar las soluciones posibles a esta nueva interrogante.

Si eres de mente abierta tienes buenas posibilidades de rodear el poste.

Si no es así, es probable que sigas bloqueado y no veas cómo solucionar el nuevo problema. Ahora es cuando subimos otro nivel. Pregúntate qué pasaría si lo resolvieras y escribe la respuesta arriba de la nueva pregunta. Ahora tenemos otra pregunta nueva. Reflexiona en algunas soluciones. Pronto te darás cuenta de que ya rodeaste el poste. Si después de todo esto, el problema original no ha desaparecido o no has visto un camino claro para llegar a una solución, es muy probable que no te estés diciendo la verdad sobre cuál es el verdadero problema y lo qué pasaría si lo resolvieras. ¡Regresa y empieza de nuevo!

REESTRUCTURA

Cuando somos conscientes del problema, tendemos a buscar una solución, aunque muchas veces primero deberíamos reconsiderar la pregunta. Reestructurar los problemas lleva a mejores soluciones. Los profesionales de la salud mental también usan la reestructuración, es una poderosa técnica terapéutica. La idea básica detrás de esto es introducir un cambio de perspectiva en tu forma de pensar. Lo anterior se ilustra en una variante del clásico chiste del foco:

> **Pregunta:** ¿Cuántos pensadores de diseño se necesitan para cambiar un foco?
> **Respuesta de un pensador de diseño:** ¿Por qué usamos focos?

Hay varias formas de plantear el problema. En el mundo de los negocios y del pensamiento de diseño se usan nombres como: planteamiento de oportunidades, planteamiento de cómo-podríamos y punto de vista.

Mi enfoque favorito es Punto de vista (PDV). Este concepto no está definido de manera estricta.[1] Su propósito es definir la necesidad de una persona. No es lo que *nosotros* pensamos que necesita, sino lo que *en realidad* necesita. Si quieres encontrar algo nuevo, es importante empezar con un problema y no con una solución. Cuando introduces soluciones prematuras, cierras el proceso de descubrimiento.

Reestructurar un problema es esencial para cambiar el PDV. En la *d.school* tenemos muchos ejemplos donde cambiar la estructura llevó a resultados espectaculares.

A unos estudiantes del curso "Diseño Empresarial para Accesibilidad Extrema" se les pidió ir a Myanmar para trabajar en un proyecto relacionado con la irrigación. Como parte de este trabajo pasaron tiempo con los granjeros pobres para determinar sus problemas básicos de riego en los cultivos. Los estudiantes se dieron cuenta de que, al no haber electricidad, los granjeros usaban velas o lámparas de queroseno para alumbrarse. Percibieron los gases tóxicos en sus chozas poco ventiladas. También aprendieron que las velas y el queroseno consumían cerca del 25 por ciento de su ingreso anual.

En algunos casos los granjeros tenían baterías viejas de carro adaptadas a lámparas para que sus hijos pudieran hacer la tarea después del atardecer. En estas familias, las madres se veían forzadas a hacer tediosos viajes en bicicleta por varias horas para cargar las baterías. En resumidas cuentas, los estudiantes de Stanford aprendieron que la luz era un gran problema para estos granjeros, así que convencieron al equipo de maestros que los dejara cambiar su PDV de lidiar con la necesidad de irrigación a lidiar con la necesidad de luz.

Desarrollaron luces LED accesibles que funcionaban con energía solar y estaban más centradas en el usuario que las luces solares alternativas. Crearon una compañía con fines de lucro llamada d.light que a finales de 2013 tenía más de dos millones de lámparas en cuarenta y dos países. Los estudiantes esperan continuar con el crecimiento y proveer iluminación solar a lugares en el mundo donde no tienen electricidad o servicios intermitentes. En este caso fue algo bueno que los estudiantes no se metieran del todo al problema del agua. En vez de eso, reestructuraron su PDV para conocer las necesidades que encontraron en el lugar.

Otros jóvenes hicieron una reestructuración en un proyecto llamado Embrace. Por petición de una organización sin fines de lucro, estudiantes del curso "Diseño Empresarial para Accesibilidad Extrema" fueron a Nepal para resolver problemas relacionados con incubadoras de bebés prematuros. Las incubadoras cuestan cerca de $20,000 dólares cada una y son similares a las de los hospitales estadounidenses. Se les pidió trabajar dos problemas: la dificultad para arreglar las incubadoras de manera local y la frecuente interrupción de energía que comprometía su funcionamiento. Mientras estaban en Stanford, los estudiantes pensaron en baterías de respaldo y en rediseñar las incubadoras para simplificar el número de componentes. De manera interesante, cuando llegaron a Nepal notaron que incluso la utilización de incubadoras en buen estado era baja. Conforme viajaron por el país, descubrieron que sólo en las ciudades había clínicas con incubadoras porque muchas mujeres que vivían en las montañas tenían grandes dificultades para llegar a tiempo y salvar a sus bebés prematuros.

Por lo tanto, los estudiantes reestructuraron su PDV. Se dieron cuenta de que en vez de resolver el problema de los doctores (mantener en funcionamiento las incubadoras), debían resolver el problema de las madres (mantener a sus bebés vivos dándoles el calor necesario dónde y cuándo fuera necesario). Esto llevó al diseño de una *sleeping bag* miniatura con una bolsa removible que contiene un material parecido a la cera. Al calentarse, este material se vuelve un líquido que se mantiene a la temperatura necesaria por cerca de cinco horas. El calor se obtiene colocando la bolsa en agua hirviendo, lo cual se puede lograr sin electricidad.

El costo del aparato que desarrollaron era el 1 por ciento de una incubadora convencional y ofrecía la oportunidad de salvar vidas más allá del territorio de las incubadoras tradicionales. Los estudiantes dieron un gran avance al darse cuenta de que la pregunta inicial que les presentaron (cómo mejorar las incubadoras) en realidad era una respuesta que no funcionaba. Al preguntarse ¿qué pasaría al mejorar las incubadoras? llegaron a la pregunta real: ¿Cómo mantener a los niños a la temperatura necesaria para sobrevivir?

Para abril de 2014 Embrace se usaba en once países diferentes, en tres continentes. Los calentadores ofrecen tecnología innovadora y a bajo costo para salvar las vidas de casi cincuenta mil bebés prematuros y de bajo peso. El número de sobrevivientes se incrementa todos los días.

Reestructurar también puede ser útil para hacer mejoras después de que ya se ha encontrado una solución. Doug Dietz es diseñador de equipo de diagnóstico médico en el Centro de Salud GE desde hace muchos años. Tuvo una experiencia que le cambió la vida cuando fue a una clínica local que usaba la máquina de resonancia magnética que él había diseñado. Se presentó con la técnica encargada, quien le dijo que lo admiraba y respetaba mucho su máquina (él se sintió como pavorreal). Entonces apareció una familia haciendo su mejor esfuerzo para calmar a una niña que gritaba. En cuanto la pequeña fue expuesta al aterrador cuarto, a extraños y a la gigantesca máquina de resonancia magnética, explotó en llanto y tuvieron que sedarla para el examen. Doug no tenía idea de que sedaban a los niños. Cuando descubrió que debían anestesiar a casi el 85 por ciento de los niños entre tres y ocho años, se sintió un fracasado.

Poco después, mientras participaba en un taller intensivo de tres días en la *d.school*, Doug entendió unas fallas en su proceso de diseño. Se dio cuenta de que, a pesar de haber consultado ingenieros, gente de marketing, agentes de ventas, tecnólogos y doctores, nunca pasó tiempo con las familias y los pacientes jóvenes que necesitaban el equipo diseñado por él.

Cuando volvió al trabajo, consultó especialistas en niños, psicólogos infantiles, pediatras, maestros, padres y niños. Reclutó un equipo de un museo infantil, jóvenes que pasan tiempo con los pequeños y los padres. Organizó un grupo de niños consultores que habían pasado por muchos tratamientos. Trabajando con el museo diseñó una serie de experiencias con las máquinas de resonancia magnética a las que llamó Serie de Aventuras.

La Serie de Aventuras reestructuró la experiencia con la máquina como una aventura y no como un procedimiento médico. Doug redecoró los cuartos y las máquinas de resonancia. También desarrolló libros de colorear para explicar el procedimiento al niño una noche antes. Una aventura era salir a un campamento y estar en una tienda, donde si te mantenías muy quieto podías ver las estrellas. Otra era estar en un barco acostado escondiéndose de los piratas.

Reestructurar la situación de un procedimiento médico a una aventura fue un gran éxito. El porcentaje de niños sedados bajó casi a cero. Además de los ahorros en tiempo y costo, hubo una diferencia positiva notable en la experiencia de los niños y sus familias. Doug comentó que después de ser examinados en la máquina de resonancia, algunos niños preguntaban a sus madres cuándo podían regresar a tener otra aventura.

El aparato era exactamente el mismo, sólo se reestructuró la experiencia del usuario.

Estos tres resultados inspiradores ilustran un importante principio básico: cuando pienses en cómo conseguir tu sueño, no te lances a la carga de inmediato. Toma una pausa y piensa en cuál es el verdadero problema. Ve a un nivel superior y considera qué más podría estar en el centro del conflicto.

Ahora reestructúralo. Cambia tu punto de vista. Después cámbialo de nuevo y ve dónde estás. El problema real se revelará sólo ante ti.

Por qué no funciona

Otra técnica útil para desbloquearte cuando estás resolviendo un problema la descubrí por accidente cuando escribía mi tesis de doctorado. Había terminado casi toda mi investigación y me invitaron a presentar un seminario sobre mi trabajo en la Universidad de Yale. El título era un poco inflado para el seminario. La noche antes de la plática comencé a pensar en mi presentación y me puse nervioso. Pensé que debía comenzar aclarando el título. Me imaginé diciendo: "Aunque el título implica que puedo resolver un caso general, la verdad es que sólo puedo hacerlo para casos especiales. No puedo resolver un caso general donde N es un número entero. La razón es que..."

Entonces un milagro ocurrió. Mientras explicaba a mi audiencia imaginaria por qué no podía resolver el caso general, de repente se me ocurrió cómo podría hacerlo. ¡Me emocioné! Al día siguiente en Yale, di mi plática y me fue bien. Me sentí satisfecho con la presentación y con el hecho de no tener que esconderme detrás de un título inadecuado. Todavía pienso que es uno de los mejores momentos ¡ajá! de mi vida.

Dos lecciones importantes surgieron de este incidente. La primera quizá ya la has escuchado antes: si te atoras con algo mientras resuelves un problema, apártalo por un momento. Este proceso mental de despejar el escritorio permitirá que tu subconsciente abra una brecha en el problema, lo que muchas veces trae nuevas y mejores soluciones.

La segunda es tomarte el tiempo para explicar con exactitud (ya sea a ti, a un amigo o a un familiar) y en voz alta por qué no puedes resolver el problema. En mi caso, cuando explicaba a mi audiencia fantasma por qué no podía resolver el caso general, fui capaz de ver que las razones no eran válidas y que lo podía hacer con facilidad, usando métodos que conocía muy bien.

Cierre prematuro

Cuando buscamos soluciones para nuestros problemas, tendemos a elegir la primera idea decente que se nos ocurre. Al tener una idea sentimos que podemos relajarnos, dejamos de trabajar duro y sólo seguimos pretendiendo que buscamos mejores soluciones (o tal vez nos detenemos por completo). Pero esto es una forma de bloquearnos. Nos negamos la oportunidad de encontrar una solución más práctica, elegante, funcional, barata...

La idea del cierre prematuro puede surgir en cualquier fase del proceso de diseño o resolución de un problema. Cuando ocurre en la formación del problema o en la etapa de generación del PDV, nos deja trabajando con el concepto original del planteamiento. Esto limita de sobremanera la reestructuración, que a menudo es la clave para soluciones más efectivas y encantadoras.

Si ocurre durante la fase de ideación, puede sentenciar el proyecto a una solución mundana. Con frecuencia se obtienen mejores resultados si se generan y usan más ideas para optimizar o reemplazar los conceptos originales.

Considera el siguiente problema: ¿Cómo incremento mi poder adquisitivo? Si meto la mano a mi bolsa y encuentro un billete, tengo una solución. Si sigo buscando y descubro un billete de mayor denominación, mi situación mejorará. Una búsqueda mayor puede resultar en un billete todavía más grande. Si tengo suerte, al abrir otro compartimiento en mi cartera quizá encuentre un cheque en blanco o tal vez varias tarjetas de crédito. Ahora tengo muchas opciones de dónde elegir y hasta podría combinarlas o usar la mejor opción para las circunstancias. Como sea, llegué más lejos de mi primera solución, el primer billete.

El estado mental apropiado es uno que da la bienvenida a cada solución subsecuente con tanta alegría como a la primera, y después las aparta y sigue buscando. Al final enfrentarás restricciones que terminarán con el proceso de búsqueda de soluciones. Se te acabará el tiempo. Se terminarán los recursos. O estarás seguro de que encontraste la solución exacta, correcta y ya no te verás tentado a buscar una mejor.

Lo que no tenemos

Un día de primavera, andaba en bicicleta por Death Valley cuando vi un panorama sorprendente. Una sección del camino estaba cubierta por miles de orugas aplastadas por los carros al intentar cruzar. Al mirar más de cerca, observé muchas a cada lado de la carretera, se arrastraban con lentitud hacia el camino. Había tantas del lado izquierdo dirigiéndose hacia el derecho como del derecho hacia el izquierdo.

Era una zona estéril y hasta donde alcanzaba a ver, el paisaje estaba igual de vacío en ambos lados del camino. ¿Qué motivaba a las orugas a cruzar? ¡No tengo idea! Es probable que los entomólogos tengan una *bueeeeena* razón. Pero el recuerdo se ha quedado en mí como un constante recordatorio de un comportamiento similar y disfuncional. ¿Cuántas veces he cruzado una carretera sin sentido cuando quedándome donde estaba habría estado bien?

Como las orugas, con frecuencia estamos más interesados en lo que no tenemos que en lo que tenemos. Puede que nos esforcemos mucho por algo, y ese esfuerzo nos puede consumir. Cuando conseguimos nuestra meta, tiende a perder lo que nos llevaba a ella y comenzamos a buscar la siguiente. En la actualidad, en los Estados Unidos, un aproximado del 50 por ciento de los matrimonios termina en divorcio. Muchos son seguidos por otros. Siempre estamos buscando algo diferente, algo mejor.

La gente cambia de trabajo porque se aburre. Viaja, no por el hecho de viajar, sino por salir. Es común que visite los museos de otras ciudades y países, pero no se molesta en ir a los de su lugar de origen. En la vida de algunas personas hay un cambio constante sólo por el hecho de cambiar, como las orugas cruzando la carretera para llegar a un lugar idéntico en Death Valley. Tal vez ir de un lugar a otro no hace daño... o tal vez te aplasten mientras cruzas el camino.

Algunas profesiones tienen motivación para cruzar la carretera. En los deportes siempre está el siguiente juego y la siguiente temporada para seguir trabajando. En la investigación siempre está el siguiente proyecto y el siguiente documento, siempre más conocimiento para obtener. En la escuela, siempre está el siguiente examen, la siguiente clase y el siguiente trimestre. Luego están los distintos niveles para graduarse: kínder, primaria, secundaria, universidad y posgrados. En los empleos nos esforzamos para subir la escalera, siempre viendo hacia adelante. En estos ejemplos por lo menos, pareciera haber algo más grande y mejor del otro lado del camino.

En todos estos ejemplos verás que lo que se quedó atrás en algún punto fue algo que deseabas mucho en la vida. Ahora no te importa tanto. No tiene nada de malo cambiar o ir hacia adelante en la vida si te lleva a un lugar mejor. Por desgracia, en nuestra búsqueda del siguiente gran paso no tomamos el tiempo para apreciar la satisfacción de lograr una meta, o del proceso en sí. Estamos tan ocupados siendo tentados por nuestra siguiente tarea que olvidamos disfrutar lo que ya está ahí y que puede ser muy significativo. Es útil recordar el dicho "cuanto más cambian las cosas, más siguen iguales".

Un buen ejemplo de este punto le sucedió a un colega que hizo importantes descubrimientos y se volvió muy famoso en el área de las matemáticas aplicadas. De manera periódica ganaba alguna condecoración o recibía un grado honorífico. Invariablemente me contaba sobre el siguiente premio que esperaba recibir. Luego, cuando lo obtenía, me decía que estaba feliz porque lo podía usar para recibir un aumento el siguiente año. De hecho, estaba divorciado, ganaba muy bien y no necesitaba ingresos extras. A pesar de sus múltiples logros y sus muchos aumentos, en esencia era una persona infeliz. De manera triste, me recordaba a las orugas, siempre esperando encontrar algo del otro lado de la carretera, aunque tenía todo a su alrededor de este lado.

Con frecuencia las cosas por las que nos esforzamos sólo representan algo que ya tenemos: dinero, fama, reconocimiento, amor. Es una persecución interminable, como dicen: "Nunca es suficiente". Para algunos es la emoción de la persecución lo que disfrutan, así que cuando consiguen lo que buscaban, se vuelve irrelevante. Esto no tiene nada de malo, siempre y cuando seas honesto contigo mismo sobre tus metas. De otra manera, estarás destinado a pasar tu vida frustrado e infeliz, como mi amigo.

Hay un *ethos* (sistema de creencias) respecto al cambio en Silicon Valley. Dentro de muchas compañías hay una lucha feroz por desarrollar algo nuevo, en un esfuerzo por mantenerse un paso delante de la competencia. La gente de Silicon Valley cree que sus compañías se van a estancar y morir si no tienen una innovación continua: es la cultura del ¿qué has hecho últimamente? Para mantener el estatus en una cultura así, la gente siempre necesita una historia nueva y evolucionada. Si no cumplen, sienten que están perdiendo. Estas personas están bajo mucha presión, y en su desesperación, a veces actúan como esas orugas: hacen que sus organizaciones crucen carreteras sin ningún sentido buscando una nueva historia que contar a sus amigos.

La moraleja es que cambiar sólo por cambiar no es necesariamente bueno. A veces está bien fracasar en la búsqueda de una meta significativa. Pero nunca cometer un suicidio empresarial sólo para mantener las apariencias con los amigos o para impresionar a tu pareja reciente.

Veintidós maneras de desbloquearse

Cuando tienes un problema establecido, hay muchos métodos formales que te pueden ayudar a generar soluciones.[2] Además, conforme avanzas en el proceso de resolución, es importante tener en mente que todos los problemas establecidos (incluidos los PDV) son provisionales. Con frecuencia, el trabajo subsecuente lleva a múltiples revisiones del problema establecido.

A veces, un buen planteamiento del problema es suficiente para ponerte en el camino hacia encontrar soluciones adecuadas. En otras ocasiones, una dirección satisfactoria no es aparente y empieza la frustración. Mi querido amigo Rolf Faste creó el folleto de nuestro taller de creatividad, hizo una lista con veintidós cosas que puedes intentar si estás chocando contra el poste. Nunca he perdido la admiración por la increíble habilidad de Rolf para usar bocetos simples con los que explica ideas complejas. En sólo dos páginas resumió las mejores herramientas de la cultura del producto de diseño que se desarrollan en el movimiento del pensamiento de diseño. (Las siguientes dos páginas formaban dos columnas del folleto original de 21 x 28 cm.)

Integración de Creatividad en MI currículum

ANÁLISIS DE ESTRATEGIAS CREATIVAS

① TRABAJO DURO { POR LO GENERAL VIENE PRIMERO. LA MAYORÍA DE LAS ESTRATEGIAS LISTADAS AYUDAN MÁS CUANDO ESTÁS "BLOQUEADO"

② CREA UN AMBIENTE QUE TE AYUDE: INVIERTE EN TI MISMO

③ RELÁJATE: INCLUSO SUEÑA APROVECHA TU SUBCONSCIENTE

④ LLUVIA DE IDEAS: EXPRESA PRUEBA REPITE

POSPÓN EL JUICIO

METAS: A FLUIDEZ : CANTIDAD
B FLEXIBILIDAD : VARIEDAD

SALTO DE RANA   A CABALLO

⑤ LISTAS

⑥ METALISTAS → ¡LISTAS DE LOS PUNTOS DE UNA LISTA!

⑦ ANÁLISIS MORFOLÓGICO: EMPAREJA LISTAS DE ATRIBUTOS

FUENTE DE PODER   MECANISMO DE TEMPORIZACIÓN   INDICADOR

⑧ REGISTRO DE IDEAS ✚ DIBUJO : ESPECULACIÓN TANGIBLE

⑨ HUMOR

⑩ CONVERSACIÓN

⑪ TRANSFORMACIONES FORZADAS
LISTA INDIVIDUAL   MAGNIFICA   MINIMIZA   OPUESTO   COMBINA

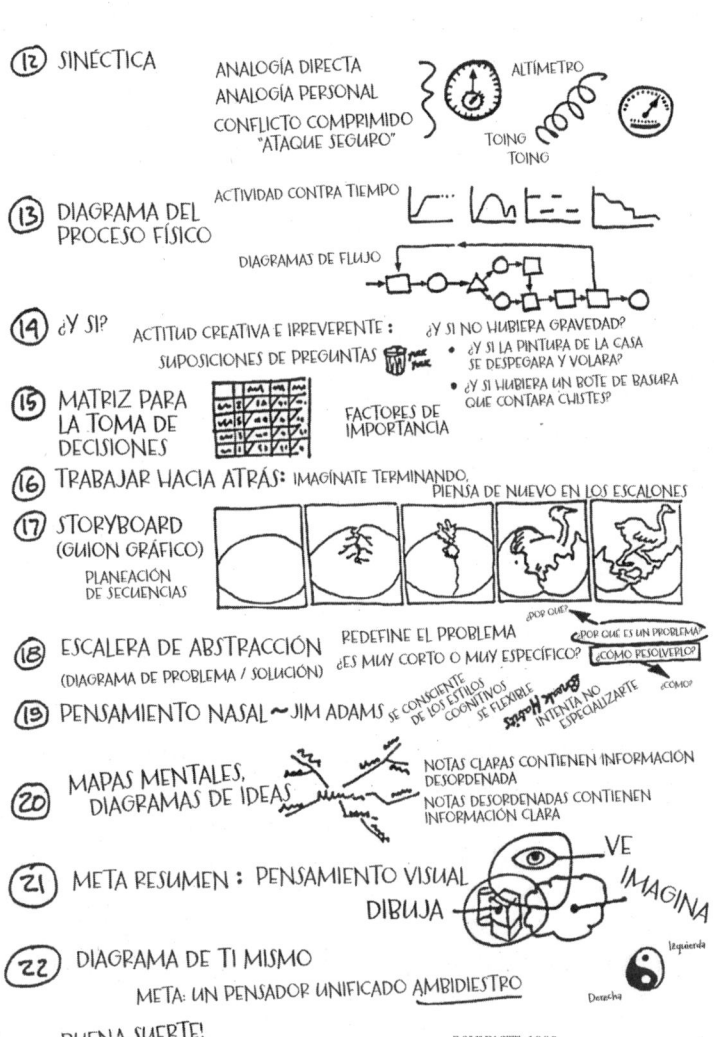

(12) SINÉCTICA — ANALOGÍA DIRECTA / ANALOGÍA PERSONAL / CONFLICTO COMPRIMIDO "ATAQUE SEGURO" — ALTÍMETRO — TOING TOING

(13) DIAGRAMA DEL PROCESO FÍSICO — ACTIVIDAD CONTRA TIEMPO — DIAGRAMAS DE FLUJO

(14) ¿Y SI? — ACTITUD CREATIVA E IRREVERENTE: SUPOSICIONES DE PREGUNTAS
- ¿Y SI NO HUBIERA GRAVEDAD?
- ¿Y SI LA PINTURA DE LA CASA SE DESPEGARA Y VOLARA?
- ¿Y SI HUBIERA UN BOTE DE BASURA QUE CONTARA CHISTES?

(15) MATRIZ PARA LA TOMA DE DECISIONES — FACTORES DE IMPORTANCIA

(16) TRABAJAR HACIA ATRÁS: IMAGÍNATE TERMINANDO, PIENSA DE NUEVO EN LOS ESCALONES

(17) STORYBOARD (GUION GRÁFICO) — PLANEACIÓN DE SECUENCIAS

(18) ESCALERA DE ABSTRACCIÓN (DIAGRAMA DE PROBLEMA / SOLUCIÓN) — REDEFINE EL PROBLEMA — ¿ES MUY CORTO O MUY ESPECÍFICO? — ¿POR QUÉ? ¿POR QUÉ ES UN PROBLEMA? ¿CÓMO RESOLVERLO? ¿CÓMO?

(19) PENSAMIENTO NASAL ~ JIM ADAMS — SÉ CONSCIENTE DE LOS ESTILOS COGNITIVOS — SÉ FLEXIBLE — INTENTA NO ESPECIALIZARTE

(20) MAPAS MENTALES, DIAGRAMAS DE IDEAS
- NOTAS CLARAS CONTIENEN INFORMACIÓN DESORDENADA
- NOTAS DESORDENADAS CONTIENEN INFORMACIÓN CLARA

(21) META RESUMEN: PENSAMIENTO VISUAL — VE — IMAGINA — DIBUJA

(22) DIAGRAMA DE TI MISMO — META: UN PENSADOR UNIFICADO AMBIDIESTRO — Izquierda / Derecha

¡BUENA SUERTE!

ROLF FASTE, 1989.
DEPARTAMENTO DE DISEÑO, STANFORD.

Los dibujos de Rolf se complementan por mi corta explicación de cada uno de los conceptos. Es de gran utilidad dominar algunos de estos métodos.

Trabajo duro

Es mi técnica más productiva. A veces, las cosas me llegan como una revelación. Pero la mayoría de esas veces, después de la revelación viene un montón de trabajo duro y frustración. No hay métodos mágicos que sustituyan la *atención* y la *intención*.

Crea un ambiente que te ayude

Toma tiempo para despejar tu área de trabajo y ten suministros de apoyo a la mano. Haz tu entorno maravilloso y estimulante. Abraham Verghese tenía un póster que imprimió donde decía que el libro que estaba escribiendo había ganado el premio Nobel y había estado en la lista de los best seller del *New York Times* por un año. No consiguió el Nobel, pero la otra parte se hizo realidad.

Relájate

Para permitir que tu subconsciente haga su trabajo, debes relajarte. Hay muchas historias de personas que tuvieron un descubrimiento durante un sueño dormido o despierto. Mi favorita es la del astrónomo y matemático irlandés W.R. Hamilton, quien estaba caminando con su esposa cuando la solución a un problema de toda la vida le llegó a la cabeza.[3] La historia no dice si su esposa sabía que él estaba fantaseando cuando se suponía que pasaba tiempo con ella. Sin exponer los detalles (que podrían poner en riesgo mi matrimonio) puedo afirmar que este método funciona.

Lluvia de ideas

En el programa de diseño de producto de Stanford, se enseña a usar un proceso de resolución de problemas (nosotros lo llamamos un proceso de diseño) con el acrónimo ETC. El primer paso es *expresar (Express)* una idea: presentar un intento de solución. El segundo es *probar (Test)* la idea: ver qué sirve y qué no. El tercero es *repetir (Cycle)*: usar lo que has aprendido para presentar una idea modificada o nueva, es decir, algo nuevo que expresar. Esto se repite hasta que tienes una solución de la que estés orgulloso o hasta que te quedes sin tiempo.

En general, la parte de *expresión* de este proceso es generativa. Aquí, la actitud ante tu idea debe ser optimista. En contraste, cuando llegas a la parte de *probar* en el proceso, necesitas cambiar tu actitud y ser escéptico. Presiónate para investigar lo que se debe transformar. De esta manera tienes que cambiar tus actitudes mientras pasas de la expresión a la prueba y de la prueba a la expresión. Hay dos herramientas principales muy útiles en este proceso: la lluvia de ideas y la creación de prototipos.

Tal vez la lluvia de ideas sea el método más familiar en el diagrama. A veces el concepto se usa sólo para describir a una persona teniendo ideas. En nuestro contexto se refiere a un procedimiento más formal a través del cual un grupo de personas se reúne para lidiar con un problema en específico. El objetivo es obtener varias ideas diversas. A esto lo llamamos fluidez y flexibilidad. Lo ideal para una lluvia de ideas es que el grupo presente suficiente variedad de experiencia y conocimiento, así la gente construye de forma natural una idea a partir de la de alguien más (a caballo) y también salta nuevas ideas por completo (salto de rana).

No se supone que las sesiones de lluvias de ideas sean evaluativas. Están pensadas para abrir posibilidades, sin importar que tan improbables sean. Por lo tanto, una regla básica es *posponer los juicios* durante las sesiones. De alguna manera, esta es una fase desafortunada, porque implica que el martillo del juicio llegará pronto para destruir. Una descripción mejor del estado deseado de los participantes durante una sesión de lluvia de ideas sería *aceptar con alegría*. Se alienta a las ideas salvajes. Por lo general, un moderador monitorea la sesión para asegurarse de que la gente se mantenga dentro del tema y que no haya conversaciones de un lado a otro (la regla es ¡una conversación a la vez!).

Realizar esta estrategia con un grupo tiene la ventaja de poder salir de tu cabeza y trabajar sobre las ideas de alguien más. Algunas personas son solitarias y no necesitan a nadie. (Tengo un amigo que es un gran diseñador y odia las lluvias de ideas. Dice que sus mejores propuestas surgen mientras corre solo en las montañas.) Es obvio que la mayoría de nosotros podemos beneficiarnos de las ideas de otras personas. La diversidad de experiencias guía a soluciones que tal vez no habríamos conseguido solos.

Listas

Una lista es una herramienta muy simple y útil para resolver problemas. Como la palabra lo indica, haz una lista de todas las posibilidades. El truco está en generar una lista lo suficientemente inclusiva como para moverte de una solución a otra. Cuando Paul se graduó de la universidad, resolvió decidir su futuro usando listas. Primero hizo una de todas las cosas que quería para su carrera profesional, por ejemplo: "ser mi propio jefe", "usar mi experiencia en ingeniería", "hacer un poco de relaciones públicas", "usar mi habilidad para dibujar", "viajar", "tener tiempo para mi familia", y "estar en el área de la Bahía de San Francisco".

Aunque la lista era más larga que esto, entiendes el punto. La lista lo llevó a una parte de la solución: necesitaba una empresa que produjera algo en lo que él pudiera estar involucrado en todos los aspectos, en especial en el desarrollo, producción, marketing, publicidad y ventas. El siguiente paso fue encontrar un producto sobre el cuál construir su empresa. De nuevo, Paul utilizó listas. Esta vez, copió los nombres de todo tipo de productos que vio en la sección amarilla. Invirtió mucho tiempo revisando cada producto y pensando si podría construir un negocio alrededor de él que cumpliera con los criterios de la lista original (lo que quería de su carrera).

Utilizando este proceso, encontró un producto poco viable: una receta secreta de carne seca. Resultó ser todo un éxito, tanto en el sentido económico como satisfactor de todo lo de su lista.

Metalistas

Son listas con puntos sobre los que hay que hacer listas más detalladas. Por ejemplo, enlistas lugares para visitar y después haces listas separadas de actividades para cada lugar.

Análisis morfológico

Es el proceso de emparejar elementos de diferentes columnas de una lista de atributos. Por ejemplo, si queremos diseñar un reloj, podríamos hacer una columna enlistando fuentes de energía (baterías, corriente alterna, mecánica, solar, agua), otra columna con mecanismos de temporización (engranaje, rueda de escape, vibraciones, péndulo) y otra con indicadores (dos manecillas, tres manecillas, LED's, ruedas digitales). Al formar todas las combinaciones posibles de estos elementos, de manera automática generamos un gran número de alternativas para el diseño de un reloj. Cuando las listas de atributos tienen muchos elementos, este método funciona mejor con un sistema computarizado.

Registro de ideas

Son cuadernos en los que haces bocetos de tus ideas, usando dibujos, palabras, incluso cosas pegadas para crear un historial de conjeturas tangibles de tu parte. Es bueno desarrollar el hábito de crear estos cuadernos. Sin un registro, las ideas se pierden y olvidan para siempre. Los registros de ideas más famosos son los libros de Leonardo da Vinci. He visto que los mortales menos conocidos también se benefician de esta herramienta. Pero a diferencia de Leonardo, muchas personas logran que las ideas de sus registros se implementen durante su vida.

Humor

Esta es una herramienta grandiosa para generar ideas. Incluso para problemas muy serios, bromear te puede llevar adonde a los pensamientos serios les da miedo llegar.

Conversación

Algunas personas son muy discretas sobre sus problemas, y por consecuencia, casi siempre están solos. Este estado psicológico no es muy saludable ni productivo. Hay un sinnúmero de historias sobre cómo, en las famosas "fábricas de ideas" de Bell Labs, Building 20 en el MIT y en varias compañías de Silicon Valley, las conversaciones casuales llevaron a grandes ideas. Hablar con gente es una gran manera de estimular la creatividad.

Transformaciones forzadas

Éste es el proceso resuelto a modificar tus ideas para hacer de lo convencional algo no convencional. Alex Osborn, el famoso gurú de la creatividad, creó una lista de posibles modificaciones, con cosas como *magnificar* o *minimizar*, que se refieren a cambiar la escala de una idea. Este método se puede extender para incluir cualquier tipo de transformación. Por ejemplo, puedes combinar dos ideas que no tienen ninguna relación, como "pez" y "torre". Si te preparas un mazo de cartas donde cada carta tenga una sola transformación, puedes generar muchas ideas siguiendo la transformación en cada carta. Si sacas carta por carta hasta la última, lucirá como si estuvieras jugando solitario.[4]

Sinéctica

Este término, derivado del latín *synectica*, significa "la unión de elementos diferentes e irrelevantes en apariencia". En este contexto se distingue por el uso de analogías para obtener soluciones. El método hace pensar en situaciones u objetos semejantes a lo que estamos trabajando con la esperanza de que la similitud revele una idea mejor. Es útil considerar semejanzas que estén relacionadas de manera directa a la situación bajo consideración y también analogías que estén relaciones de manera personal con el problema a resolver. Otro concepto útil en el marco de la sinéctica, es el del *conflicto comprimido*, una combinación de dos conceptos que parecen contradictorios. Por ejemplo, "ataque seguro" fue fundamental para desarrollar el concepto de vacunas: al usar una dosis segura atacamos el cuerpo con un caso leve de enfermedad para que éste produzca los anticuerpos que lo protegerán. Pensar en el problema a lo largo de estas líneas aparentemente contradictorias nos abre nuevos caminos.

Diagrama del proceso físico

Ésta es una herramienta que se usa para destilar problemas hasta su esencia. Para algunos tipos de problemas, la generación de ideas se puede auxiliar de poner alguna variable de rendimiento contra el tiempo (u otra variable) o de trazar diagramas de flujo que representen todo el proceso.

"¿Y si?"

Ésta es una gran manera de comenzar una pregunta durante la generación de ideas. ¿Y si no hubiera gravedad? ¿Y si la pintura de la casa se despegara y volara? ¿Y si hubiera un bote de basura que contara chistes? Estas preguntas, al sacarnos del camino principal, crean una actitud irreverente que nos llevan a suponer preguntas sobre el problema.

Matriz para la toma de decisiones
Una buena forma de comparar ideas diferentes es crear una matriz donde las filas representan ideas y las columnas atributos dentro de esas ideas. Por ejemplo, para elegir novia, Kumar etiquetó cada fila con el nombre de una candidata y cada columna con un atributo como educación, apariencia, riqueza o familia. Al asignar un número a cada elemento de la matriz, la comparación se transforma en una medida cuantitativa. También se pueden usar factores de importancia para priorizar ciertos atributos.

Trabajar hacia atrás
Imagina que el problema ya se resolvió, después trabaja en reversa hasta el inicio. De esta forma puedes ver cuáles son los escalones que debes seguir. Este método es ideal para la programación.

Storyboards
Estos apoyos para la planeación secuencial son muy conocidos en la industria del cine. Se usan siempre que se quiere contar una historia de forma lineal. De hecho, son una versión muy pictórica de un *mapa de viaje*, un diagrama que muestra una secuencia lineal de eventos.

Diagrama *cómo-por qué*
Este diagrama se puede usar para redefinir un problema, como nuestro método de cambiar la pregunta (revisa "Ir al nivel superior" en este capítulo). La idea es generar un gráfico que muestre una serie de causas y efectos. Para un problema dado, el diagrama enlista una forma de hacer las

cosas, primero el *cómo* y después el *por qué*. Muchas ideas se pueden generar de este modo. Hay diversas variantes, como el diagrama *cómo-por qué-por qué* o el *por qué-por qué-por qué*.

Estos diagramas están un poco relacionados con la *escalera de abstracción*, basada en la escalera de cuatro niveles de abstracción lingüística de S. I. Hayakawa.[5] El primer nivel consiste en cosas concretas: *goggles* para nadar, un teléfono, una taza, un perro, un libro y demás. En el siguiente nivel hay grupos de cosas concretas: un colegio, herramientas eléctricas, carros, ganado. El tercer nivel consiste en grupos generales: mujeres, hombres, películas, aparatos de comunicación, decoración. Y en el último nivel, hay conceptos abstractos: comunismo, poder, justicia, éxito, bien, mal.

Al hacer diagramas de los niveles de abstracción del problema/solución, eres más capaz de observar si estás trabajando de manera estricta o siendo muy específico, en cuyo caso tal vez quieras redefinir el problema.

Pensamiento nasal

Éste es el término de mi colega Jim Adams para el uso de diferentes estilos cognitivos. La idea es ser flexible en la manera en la que ves las cosas. Intenta imaginar qué harías si pensaras con la nariz o intenta no hablar. De esta forma "ves" tu problema de forma diferente y te abres a nuevas ideas. El libro clásico de Adams, *Conceptual Blockbusting*, contiene muchas otras herramientas para vencer los bloqueos de la solución creativa de problemas.

Mapas mentales

Estos *mapas de relaciones* muestran en un diagrama las conexiones entre piezas de información de manera no lineal. Se supone que un mapa mental es similar a la forma en que tu cerebro almacena información. Estos diagramas son muy buenos para obtener un amplio entendimiento de cómo diversas partes se relacionan con un todo. Antes de que se extendiera el uso de las computadoras, la mayoría de la información se almacenaba de manera lineal. Ahora todos hacemos búsquedas por computadora de forma no lineal. Esto nos da un entendimiento experimental de la frase: "Notas claras contienen información desordenada, notas desordenadas contienen información clara".

Para hacer un mapa mental, empieza en el centro de tu espacio y escribe una palabra o una frase corta que será el tema principal. Luego fíjate qué otra idea surge de la principal y escríbela a una distancia corta. Conecta las dos con una línea. Después, regresa a la primera palabra y ve qué más aparece. Escribe la nueva palabra en otra dirección y conéctala con una línea a la idea principal.

Sigue repitiendo este proceso hasta que te quedes sin ideas. Luego, usa cada una de las palabras secundarias como raíz y repite todo. Claro, lo expliqué de manera muy lineal, las palabras en el mapa se pueden generar en cualquier orden conforme las conexiones vengan a la mente. La siguiente figura

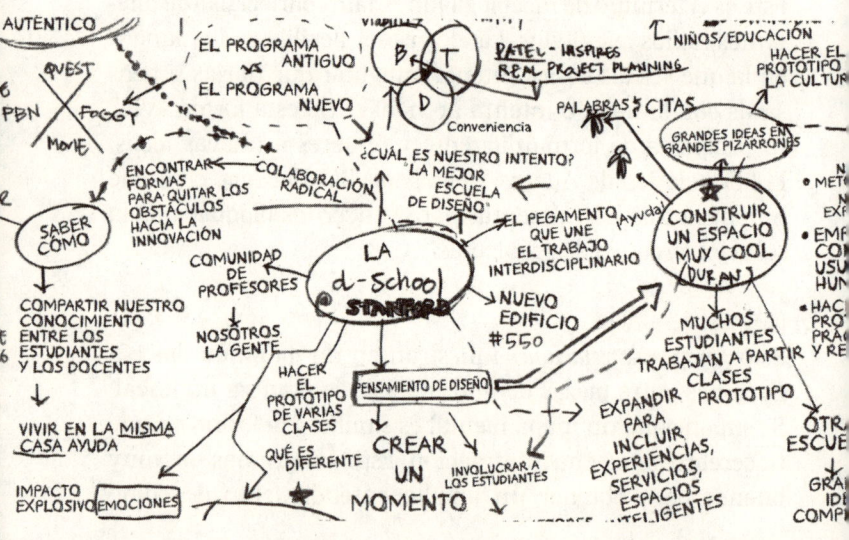

muestra un mapa mental creado por David Kelley. La primera idea fue "la *d.school* @ Stanford". El mapa se hizo para generar ideas relacionadas con el diseño de nuestra *d.school*.

Meta resumen

Ésta es una herramienta para lo que a veces se llama *pensamiento visual*. Aquí nos acercamos a un problema usando nuestra habilidad para ver, dibujar e imaginar. Generamos nuevas ideas al dibujar cosas que vemos e imaginamos. Buscamos soluciones al unir los resultados de estos aspectos del pensamiento visual. El traslape entre las áreas diferentes se representa de manera gráfica con un diagrama de Venn, en el que cada aspecto se muestra como un círculo, y nuestra atención se centra en las ideas que están en el área donde se enciman los tres.

Diagrama de ti

En este método examinas tu proceso de resolución de problemas y te esfuerzas por hacerlo *ambidiestro*, es decir usar el lado derecho y el izquierdo del cerebro de manera equitativa. En una variante del autodiagrama, una persona se acuesta sobre un pliego grande de papel y la otra dibuja la silueta del cuerpo. Luego la primera persona etiqueta cada parte del contorno de su cuerpo con globos como los de las historietas conteniendo cualquier término que le venga en mente, esto es para equilibrar lo intelectual/verbal con lo emocional/visual. En términos chinos, te estás esforzando por encontrar un equilibrio entre el *yin* y el *yang*.

En mi opinión no es útil brincar de un método a otro. Mejor adopta unas cuantas estrategias para resolver problemas y apégate a ellas. Mientras más las practiques, más fácil te desbloquearás cuando quieras.

4. Busca apoyo

Si siempre haces lo mismo, siempre conseguirás lo mismo.

Anthony Robbins

En la vida, cuando se trata de triunfar en lo que quieres, es raro que lo hagas tú solo por completo. Muchas veces necesitarás un poco de apoyo de tus amigos. Se dice que no se trata de *qué* sabes, sino *a quién* conoces. Estoy de acuerdo con esto, aunque en su forma menos cínica: somos mejores y nos beneficiamos al ayudarnos a descubrir cosas.

Aprender de todos

Tengo colegas que son fuentes de sabiduría eterna. Mi amigo Tom me enseñó (al igual que a todos sus estudiantes) que no hay tiempo suficiente para apurarnos. Esto significa que cuando haces las cosas apresuradas, de forma invariable vas a meter la pata. Necesitarás más tiempo para limpiar tu desastre que si te hubieras tomado el tiempo para hacerlas bien. El consejo de Tom siempre viene a mi mente cuando intento apurarme en abrir y quitar el candado de mi bicicleta para correr a una cita, al acelerarme lo hago con torpeza y se vuelve un esfuerzo inútil.

Mi colega Henry me dejó una huella imborrable una tarde cuando íbamos a casa en bici. Muy emocionado le dije que acababa de hacer un gran descubrimiento. Me preguntó: "¿Es tan bueno como para que puedas describirlo antes de llegar a la esquina donde doy vuelta?" Por desgracia no lo fue.

Henry también me contó algo que los reyes de Inglaterra decían a su hijo: "Siempre que tengas la oportunidad de ir al baño, úsala porque nunca sabes cuando la volverás a tener". La sabiduría detrás de este consejo se volvió clara cuando me senté en un auditorio con otras mil personas a esperar (de manera incómoda) a un autor famoso muy apenado porque tuvo que interrumpir su lectura en medio de un enunciado para ir al baño. Descubrí que este consejo real es muy útil, en especial para los maestros.

Una de las cosas más importantes que he aprendido de mis colegas es cómo *no ser*. Tengo un amigo que en general es una persona agradable; sólo he recibido gentileza de su parte. Por desgracia trató tan mal a un miembro joven de su equipo que se tuvo que cambiar de universidad. Después de ver esto, decidí poner especial atención en tratar a mis compañeros jóvenes de manera justa. Una vez, un administrador me dijo que yo era un "barbero invertido", quería decir que trataba con mayor deferencia a mis subordinados que a mis supervisores. Lo tomé como un cumplido.

El hecho es que debemos aprender de los demás. Podemos copiar sus atributos positivos y evitar los negativos. Hay que aprender tanto de un niño como de una celebridad. Es importante no desilusionarse cuando descubrimos que nuestros ídolos son de carne y hueso. De todos modos, pueden seguir siendo tus maestros. Incluso puedes aprender más de una persona imperfecta que de aquellos que pretenden ser perfectos.

¿El hecho de que Mahatma Gandhi no fuera un gran padre para sus hijos invalida su ejemplo y mensaje? ¿El que un político tenga un amorío ilícito invalida sus buenos resultados laborales? Puedes elegir entre quitar algunas influencias de tu vida o ser inclusivo y aprender las lecciones relevantes de cada persona. Creo que la última opción guía a una vida más rica en experiencias.

Rebajar a los demás

Fui parte de las diez personas del equipo de enseñanza que dirigía el taller intensivo de una semana en la *d.school* llamado Summer College. Cinco miembros del equipo siempre estábamos presentes. Los otros venían cuando era necesario. Los participantes eran estudiantes de maestría y doctorado de diferentes departamentos en Stanford. Siempre sacaron las calificaciones más altas posibles, muchos dicen que fue la mejor experiencia de sus carreras universitarias.

Los estudiantes comentaban que nunca antes habían visto tal compañerismo entre los profesores. Les inspiraba el hecho de que cinco miembros de la facultad siempre estaban ahí y era claro que disfrutábamos estar con cada uno de ellos. Para muchos era un cambio refrescante del mundo de deslealtad y superioridad en el que estuvieron atrapados durante su trabajo de tesis.

Muchos estudiantes viven en un mundo donde la gente cree que se engrandecen al hacer menos a sus colegas. Como sea, si hablas mal de alguien, te estás empequeñeciendo, no engrandeciendo. Por ejemplo, si te digo lo maravillosa que es la gente con la que trabajo, por asociación pensarás que yo también soy bastante bueno. Por otro lado, si te hablo sobre los defectos de mis colegas, por asociación me hará parecer menos admirable. Por desgracia estas actitudes disfuncionales no están limitadas a las universidades. Son habituales en muchas familias y en la mayoría de las organizaciones.

Considera cómo te sentirías si, cada vez que vas por un corte de cabello, tu estilista se pasara todo el tiempo diciéndote lo malos que son los del local de al lado (no saben lo que hacen, le queman el cabello a las personas, cobran demasiado). Seguro con el tiempo empezarías a preguntarte por qué siente tal necesidad de hablar mal de los otros. Obvio está preocupada por perder la competencia, lo que te llevaría a preguntarte si tendrá una buena razón para sentirse tan amenazada.

Para triunfar (desde obtener un empleo hasta una promoción) no necesitas hablar mal de los demás. De hecho, decir un cumplido de tus rivales demuestra tu clase. Sólo concéntrate en ti, enfócate en tus fortalezas, certificaciones y no te preocupes de lo que hagan tus competidores.

Mentoría

Se habla demasiado de los programas formales de mentorías, y aunque no estoy muy convencido, son muy útiles. En su lugar, prefiero las minimentorías. Por ejemplo, mientras trabajaba en este libro le pedí consejo a todos los que sabía que habían publicado uno. Así, tuve un equipo completo de consejeros, cada uno me compartió una perspectiva y experiencia diferentes.

No te avergüences de hacer esto, siempre y cuando estés dispuesto a hacer lo mismo a cambio. Nunca sabes lo nuevo que vas a aprender o quién te será útil en una nueva actividad. La gente puede sorprenderte; a veces aquellos que asegurabas que serían generosos con sus consejos son egoístas porque temen a la competencia, y los que menos esperabas estarán ahí para ti de manera increíble.

Está bien pedir apoyo. Busca en tu vida a las personas que han logrado lo que tú quieres y habla con ellas sobre cómo lo hicieron y qué cambiarían si lo volvieran a hacer. Consigue retroalimentación de toda la gente que puedas. No necesitas seguir a todos ni a la mayoría. Recuerda que entre más contribuciones y sugerencias tengas, más fácil será encontrar las perlas de sabiduría.

Los buenos artistas copian, los grandes artistas roban

Steve Jobs muchas veces mencionó que "los buenos artistas copian, los grandes artistas roban", una cita atribuida a Pablo Picasso. No hay evidencia de que lo haya dicho, pero mucha gente le da el crédito de todos modos. En 1920 T. S. Eliot escribió: "Los poetas inmaduros imitan; los poetas maduros roban; los malos estropean lo que roban y los buenos lo convierten en algo mejor, o al menos en algo diferente".

La verdad es que no hay nada nuevo bajo el sol. Como dice mi colega Larry Leifer: "Diseñar es rediseñar". Todo lo que piensas ya ha sido pensado antes (al menos en parte) y sería estúpido ignorar la sabiduría de la gente que te precedió. Si ves información buena y no la usas, sólo estás siendo tonto. Nadie puede sobrevivir por su cuenta, el hecho de que sepas cómo hablar, escribir, leer, sumar... todo es porque tomaste la idea de alguien más y la usaste para tu beneficio. La sociedad se sustenta en las ideas de las otras personas.

Así que no te preocupes por "robar". Claro, no te des el crédito por el trabajo de alguien más o sólo copies de forma descarada sin mejorarlo o ponerle tu toque personal.

Entiende que está bien construir sobre las ideas de los demás y no seas demasiado posesivo con las tuyas.

Es perturbador darse cuenta de que muchas vidas se podrían haber salvado si algunos investigadores no fueran tan reservados y decididos en ganar la carrera del Premio Nobel. Hay personas que guardan sus datos e ideas con demasiado sigilo, incluso durante años, hasta que pueden publicar su trabajo. El bien público sería mucho mejor si la gente trabajara de manera más colaborativa.

Comprométete a una colaboración radical.

La maldición del *networking*

Si lees libros de negocios o tomas clases, de seguro te hablarán del poder del *networking* (sacar tus tarjetas de presentación en almuerzos casuales, asistir a eventos clave y promoverte). Es muy barbero, adulador, manipulador y, por lo general, poco transparente.

Mi mejor consejo es no hacer *networking*. Si quieres ser amigo de una persona porque crees que está en un nivel más alto que tú y puedes conseguir su ayuda, es una relación abusiva y falsa. Hay *networkers* expertos que tienen éxito en lo que sea que intenten promover. Aun así, cuando me voy a dormir en la noche, me alegra no ser como ellos.

He escuchado muchas historias negativas de gente que sobrepasó los privilegios de conocer a alguien. Nunca pretendas tener una relación con una persona que va más allá de lo que es en realidad. Un oportunista tal vez diría "Joe Smith me sugirió que te contactara", cuando en realidad Joe Smith no lo hizo. Si se entera, ¿imaginas lo que va a decir? No supongas que está bien usar el nombre de alguien más para que te abra una puerta, incluso si lo consideras amigo. Primero pregúntale (o es probable que te salga el tiro por la culata).

La vida no se trata de usar a otras personas para escalar a la cima. Más bien, sé auténtico, natural, sincero y construye amistades.

Demasiada gente teme mezclar la vida laboral con la privada... y creo que eso es muy triste. Lo noté un día que estaba platicando con Jean y Georges. Trabajaban juntos desde hacía años y me di cuenta de que apenas y sabían algo uno del otro. Nunca habían visitado sus casas y no conocían a sus esposas o hijos. Qué desperdicio. No temas a las relaciones humanas verdaderas. Son importantes.

Algunas personas tienen malas experiencias al trabajar con sus amigos. Pero también hay muchos ejemplos de conexiones amigo/trabajo de por vida. Mi colega David Kelley se dio cuenta, cuando todavía era un estudiante de maestría en Stanford, que era divertido trabajar con sus amigos. Formó una compañía llamada Intergalactic Design con muchos de sus compañeros. Después de tres compañías y cuarenta años algunos de los mismos amigos todavía siguen trabajando con él.

La sabiduría popular nos dice que si prestas dinero a un amigo... pierdes el dinero y pierdes al amigo. Pero supongo que sucede cuando tienes malas amistades. Para mí, es un gran placer ayudar a mis amigos a fondear sus proyectos o cubrir sus necesidades básicas temporales y nunca he perdido el dinero ni a los amigos.

Cuando forjas este tipo de amistades verdaderas, la palabra ni siquiera viene a contexto. De manera natural piensas en el otro cuando surge una oportunidad. Pides ayuda y te la da porque son amigos (y eso es lo que hacen los amigos), no porque les des una sonrisa falsa y un firme apretón de manos en el almuerzo.

Deja que los demás te vean como humano. Sé real. Pregúntate: ¿Qué te gustaría ver en tu puerta: un amigo o un vendedor?

Actívate para crear amistades a donde vayas. Invita a la gente a salir a comer o ir a tu casa. Cuando escuches que un ser querido está enfermo, pregunta por él al día siguiente.

Es tu turno

¿Tienes compañeros de los que no sabes nada? Haz un espacio para conocer a algunos. Invítalos a almorzar o por un café y date el tiempo para una conversación social (ni de negocios, ni de chismes de la oficina). Investiga sobre su vida, y si les interesa, comparte información sobre la tuya.

En resumen, si quieres que la gente te apoye debes: a) *pedírselo* (porque no todo el mundo está al pendiente de tus necesidades), y b) ser una persona decente. No pretendas saber más de lo que sabes. La mayoría de las personas se lucen cuando tienes una necesidad genuina y les pides su experiencia. Cuando te ofrezcan apoyo respeta su tiempo (no los llames todos los días o esperes que te escriban respuestas a cien preguntas) y siempre recuerda ser agradecido.

HACER

es

todo

5. Hacer es todo

Lo que tenemos que aprender, lo aprendemos al hacerlo.

ARISTÓTELES

Cuando alguien hace un cambio importante es porque se prende un interruptor. Una persona que ha luchado toda su vida por bajar de peso por fin decide ponerse en forma. Un trabajador que ha tolerado a un jefe abusivo durante años por fin decide que es suficiente y renuncia. Un hombre que ha estado enamorado en secreto por fin le pide a su amada que vayan por un café. Ocurre un cambio que lleva de la inacción a una acción favorable.

Puedes sentarte en la oscuridad a esperar que llegue la luz o puedes pararte, atravesar la habitación y prender el interruptor tú sólo.

Intentar y hacer

Como ya lo dijimos, hay una gran diferencia entre *intentar* hacer algo y *hacerlo*. Son dos acciones totalmente diferentes. Las dificultades surgen cuando la gente las mezcla.

Si *intentas* hacer algo, puede ocurrir o no. Si no pasa, tal vez uses otra estrategia, pero de nuevo puede no ocurrir. Aunque esto podría seguir hasta el infinito, por lo general dura hasta que tienes éxito y lo logras, hasta que te cansas de intentar, o hasta que te distraes con otra cosa. Es evidente que esta forma de manejarte por la vida es muy improductiva.

Si *haces* algo, no importa cuántas veces choques con una barrera o qué tan frustrada se vuelva tu estrategia original, tienes pensado conseguir el trabajo hecho y aplicarás la determinación interna y la atención necesaria para cumplir tu objetivo.

Hacer necesita *intención* y *atención*.

¿Recuerdas el ejercicio que le puse a mi estudiante donde le pedía que *intentara* quitarme un objeto y luego que me *quitara* el objeto? Casi siempre luchar por el objeto cuando el voluntario está *intentando* es divertido para los dos. Intentar puede ser divertido y fácil. Pero al *hacer* es cuando conseguimos las cosas.

En 1974 estaba almorzando con mi amigo Harold en el Russian Tea Room, un restaurante de moda cerca de Carnegie Hall en Nueva York. Harold admiraba que todos los meseros usaran uniformes de cosacos porque era un gran fan de la Unión Soviética. De repente se me ocurrió, mientras seguía expresando su admiración, lo maravilloso que sería conseguirle a Harold uno de esos uniformes. De repente, decidí hacerlo. No sabía cómo, pero le regalaría un uniforme.

Aprovechando la parquedad legendaria de Harold, le dije que pagaría el almuerzo si iba por el auto. En cuanto se fue evalué a todos los meseros y elegí al más dispuesto para una transacción económica benéfica. Lo llamé a mi mesa, le comenté lo mucho que habíamos disfrutado el almuerzo y la gran admiración que Harold tenía por el uniforme. Le dije que si podía conseguirme uno, yo haría que valiera la pena.

"¿Cómo que valga la pena?" Me preguntó.

Tomé mi cartera, la abrí en la sección de los billetes y le dije: "Decide tú". Sacó un billete de 10 dólares (en la actualidad serían como 200 pesos) y se fue sin decir una palabra. Poco después, estaba esperando en el bordillo de la banqueta con un uniforme completo que incluía unas botas envueltas en papel periódico.

Harold murió en 2011. Muchas veces pienso en él cuando hago la demostración de intentar-contra-hacer. Recuerdo ese momento de triunfo y el resultante rayo de sabiduría que gané hace tanto tiempo. Todavía me conmuevo al recordar lo feliz y sorprendido que estaba Harold cuando le di el uniforme.

En otra ocasión, dirigía un taller para un grupo profesional en Seúl, Corea del Sur. Una joven se ofreció de voluntaria para el ejercicio de intentar-contra-hacer. Cuando le pedí que me quitara el objeto de las manos, de inmediato me arrebató los lentes y amenazó con romperlos si no le daba el objeto. Pagué el rescate y me devolvió mis lentes sanos y salvos. Tal vez fue un poco siniestro y escalofriante, ¡aunque usó un método muy creativo!

Este incidente trae la cuestión de ética y moral. He aquí un caso extremo: si tuviera que matarte para pasarte de *intentar* a *hacer*, en circunstancias normales, cambiaría de opinión y decidiría no hacerlo. El ejercicio es sobre la diferencia entre intentar y hacer, no sobre ética o moral. Debes decidir si vas a violar cualquier regla. Si hacerlo requiere traspasar límites, entonces tal vez es tiempo de cambiar tu intención de hacer a no hacer.

No sé si la mujer habría roto mis lentes. Dado su comportamiento previo, creo que había posibilidades de que cumpliera su amenaza. Si los rompía, podría mandarme a hacer otros. En todo caso su intención fue bastante fuerte como para obtener el objeto, y desde mi perspectiva no traspasó ningún límite ético o moral.

Hace poco tuve una experiencia familiar que ilustra a la perfección la diferencia entre intentar y hacer. Una tarde, Ruth y yo estábamos en San Francisco. Después de cenar, pasamos por el Roxie (un cine local al que vamos con frecuencia), noté que había mucha gente y una cartelera interesante para mí. Le sugerí a Ruth que comprara los boletos mientras encontraba lugar para estacionarme. Estuvo de acuerdo con el plan, aunque la película le era indiferente.

Diez minutos después, cuando regresé al Roxie, me sorprendí de encontrar a Ruth fuera de la fila. Me dijo que intentó comprar los boletos, pero estaban agotados. Como yo de verdad quería entrar me puse en acción: fui a la taquilla y le pregunté a la vendedora si había alguna cancelación, aceptó anotar mi nombre y estuve de acuerdo en esperar a un lado. Luego empecé a preguntarle a la gente de la fila si les sobraba un boleto. Conseguí comprar uno de una persona que se acercaba a la taquilla por un rembolso y otro de alguien en la fila cuya amiga le había avisado que no llegaría. De repente estábamos *haciendo*.

Este incidente ilustra algunos puntos básicos. En realidad, mi esposa no quería ver la película, y cuando le dijeron que estaba todo vendido, tuvo una *bueeeeena* razón para no hacerlo. Pero yo estaba decidido a entrar, así que el hecho de que no hubiera boletos sólo era un poste, un obstáculo que debía rodear. Sabía que la razón de "ya está todo vendido" era basura.

La moraleja: Si en realidad no quieres hacerlo, entonces el mundo tal vez sea bastante bueno como para darte una *bueeeeena* razón por la que no se puede hacer. Si en verdad quieres hacerlo, esas razones no te detendrán.

De hecho, en este caso habríamos estado mucho mejor intentando en vez de haciendo porque la película y el show en vivo fueron terribles. Como dicen: "Ten cuidado con lo que deseas".

También podemos aplicar la noción de intentar y hacer a la persona en vez de a sus acciones. En lugar de intentar, obsérvate como una persona que intenta, y en lugar de hacer, como una persona que hace. A menos que tengas una personalidad tipo A extrema, tu vida será mejor si incorporas ambos tipos de persona en tu autoimagen. Reflexiónalo, quizá deberías incorporar ambos *en especial* si eres del tipo A. Un poco más de intentar y menos de hacer podrían mejorar tu vida.

Afirmaciones: ¿una herramienta para el cambio?

Maxwell Maltz fue un cirujano plástico. Descubrió que muchas veces sus pacientes no estaban satisfechos con sus cirugías, aun cuando técnicamente había sido una intervención exitosa. Creía que esto se debía en gran medida a que sus pacientes tenían una autoimagen poco saludable. Su solución fue desarrollar unas estrategias con las que la gente podría mejorar su autoimagen.

Uno de sus métodos era establecer una serie de objetivos y luego imaginarse lográndolos con ayuda de las técnicas de visualización mental. Maltz se basaba en el poder de la autoafirmación y la visualización mental, así como en la conexión entre mente y cuerpo. En 1960 publicó sus ideas en *Psico cibernética,* un libro de autoayuda claro y directo que ha vendido más de treinta millones de ejemplares. A partir de ahí se desarrolló una gran industria y aparecieron cientos de volúmenes de literatura que tratan el uso de las afirmaciones como una herramienta para cambiar la autoimagen. Los ejercicios de Maltz han sido muy útiles para muchos de mis estudiantes.

Una afirmación es un enunciado formado con mucho cuidado que repites de manera frecuente (también se puede escribir). La gente que usa afirmaciones sostiene que una actitud positiva apoyada por ellas hace que casi todo sea posible. Para que una afirmación sea efectiva debe estar en tiempo presente, ser positiva, personal y específica. Tomas algo que quieras cambiar o reforzar y todos los días te repites que está ocurriendo. Por ejemplo, una afirmación para mejorar tu autoimagen sería: "Soy una persona amorosa cuando estoy interactuando con mi hija".

Es verdad que una actitud positiva es un gran extra en la vida. Las afirmaciones trabajan bien para algunas personas, pero no para todas. Me parece difícil convencerme de que la cosa positiva de verdad es cierta. Me recuerda una parte de la película *Blanca nieves y los siete enanos* donde la bruja le pregunta todos los días al espejo mágico: "¿Quién es la más bella de esta tierra?" Aunque la reina conseguía la respuesta que quería, no parecía creerla. Si lo hiciera, no tendría que regresar al espejo cada día para comprobarlo.

Para mí, el problema con esta corriente o movimiento es que muchas veces la gente siente que las afirmaciones positivas parecen falsas, entonces aceptan la autoimagen negativa que acompaña a la afirmación. Es como el ejemplo clásico del vaso medio lleno o medio vacío. Para muchos de nosotros, el vaso medio vacío parece real y el medio lleno parece falso. Es probable que el vaso esté de las dos formas y sólo debemos decidir cuál opción queremos ver. La idea es obtener suficiente verificación externa de la versión medio llena para que nuestra autoimagen realmente cambie, y no necesitemos seguir regresando al espejo mágico de nuestra cabeza para descubrir quién y qué somos.

Una forma de hacerlo es usar las afirmaciones de manera indirecta. En lugar de ocuparte directamente de un logro deseado, usamos las afirmaciones para modificar un comportamiento que nos guíe indirectamente al triunfo.

Por ejemplo, en una investigación sobre estudiantes con autoestima académica baja, se les pidió enlistar las características que sentían positivas respecto a educación y preparación de carrera (en vez de pensar diferente de sí mismos). Los estudiantes terminaron quedándose en la escuela con calificaciones mucho más altas que sus compañeros de generación.

Esto está muy relacionado con el consejo que muchas veces dicen los padres y maestros: afirmar los esfuerzos de los hijos en vez de los triunfos. La idea es que, al afirmar, se refuerzan las características deseadas (específicamente el esfuerzo, el cual aguanta, supera y trasciende cualquier fracaso transitorio). Cuando el reforzamiento sólo está basado en el triunfo, no promueve la resiliencia o adaptación necesarias para superar las decepciones inevitables de la vida.

Sólo hazlo

Cuando empecé a enseñar el curso en el que se basan algunas partes de este libro, quería estudiantes que eligieran proyectos relacionados con sus vidas. Además, conocía muchos ingenieros en Silicon Valley que trabajaban para grandes compañías como Hewlett-Packard y soñaban con empezar su propia compañía. Esto fue por 1960, antes de la disponibilidad de verdaderas inversiones ángel y de riesgo, o de la fuerte cultura de las *start-ups*.

La gente sólo decía y no hacía nada. La situación me recordaba la obra de Eugene O'Neill, *Llega el hombre de hielo*.

Los personajes pasan toda la obra en un salón hablando sobre salir de ahí, pero nadie se va. De hecho, sólo uno de mis conocidos, Nick, dejó Hewlett-Packard y empezó su propia compañía. Yo estaba tan feliz que le compré una botella de champaña. Ahora, cuarenta años después, quizá todavía se pregunte por qué lo hice.

Esto me dio la idea de que los estudiantes debían aprender a no esperar hasta después de graduarse. Muchos jóvenes desarrollaron la idea de estar destinados a seguir un camino establecido en el que no podían lograr nada hasta después de obtener el título. Pero si no formaban el hábito de hacer cosas por su voluntad, no cambiarían después de graduarse. Muchos de los mayores empresarios ya tenían sus negocios durante la universidad (y muchos nunca se graduaron). El más claro ejemplo en la actualidad es Mark Zuckerberg y los cuatro estudiantes que empezaron Facebook en los dormitorios de la Universidad de Harvard.

Basado en este pensamiento, decidí que la instrucción del proyecto de clase sería: Haz algo que en verdad quieras y nunca hayas hecho, o resuelve un problema de tu vida.

Los proyectos servían para introducir el hábito de triunfar. Los estudiantes aprendieron que no necesitaban esperar a algún tiempo futuro para tomar el control de sus vidas. Al hacerlo en un proyecto de diez semanas, les dio un sentido de empoderamiento que en muchos casos adoptaron para toda la vida.

Tú también puedes dejar de esperar a Godot y aprender a hacer cosas que siempre has querido. Si empiezas y además aplicas las ideas de este libro para alejarte de los temas o problemas no deseados, tienes buenas posibilidades de tener una vida mucho más interesante y plena.

Hugh Laurie, el doctor de la serie de televisión *Dr. House*, dijo en una entrevista para *Time Out New York*: "Creo que en la vida, esperar hasta que estés listo es algo terrible. Siento que en realidad, nadie, nunca, está listo para hacer algo. No existe esa cosa de 'estar listo', más bien sólo hay un 'ahora'. Así que hazlo en este momento. Por ejemplo, si me pregunto ¿estoy listo para saltar del bungee o algo así? La respuesta es no, no soy un loco que ama los riesgos. Pero creo que, hablando en general, el presente es tan buen momento como cualquiera".

Es como andar en bici

Hace poco, una amiga me dijo que quería aprender a andar en bicicleta. Es una mujer de treinta y tantos años, así que me pregunté por qué no había aprendido de niña. ¿Cuáles fueron los problemas que la alejaron de aprender durante tanto tiempo? Mi primera suposición fue que seguro vivió en una ciudad agitada.

"No, en los suburbios" me dijo. "Traté de aprender pero tengo un terrible sentido del equilibrio y nunca lo logré".

Era un buen momento para revisar el problema resolviéndolo a través del pensamiento de diseño, así que fuimos paso a paso. Primero debía asegurarme de que estuviera resolviendo el problema correcto. ¿En verdad quería aprender a andar en bici? O ¿había un problema a un nivel superior que necesitaba resolver? Le pregunté por qué quería hacer esto ahora.

"Mi hija acaba de aprender y es buena. Por ahora sólo puedo trotar a su lado, pero no puedo seguirle el ritmo mucho tiempo. Quiero aprender para andar en bici con ella".

El problema un nivel más arriba era que quería ser capaz de mantenerle el paso a su hija y tuve la empatía suficiente para verlo a través de sus ojos. Trabajar en andar en bicicleta parecía una buena forma de enfrentarlo. Así que era tiempo de la pregunta: ¿Cómo podía aprender a andar en bicicleta?

"Pensé en ir a una tienda de bicis y pedir la que fuera más fácil de manejar" me dijo. Era una solución posible, pero ¿qué tal que se topaba con los mismos problemas de equilibrio que tenía cuando era niña? Comentó que todavía se mareaba con facilidad.

Analizamos algunas ideas: tal vez podría tomar unas clases de yoga para mejorar su equilibrio; ir al doctor para descubrir si necesitaba medicamentos para un problema interno de oído; tomar clases, o ponerle llantas de entrenamiento a una bicicleta de adultos. Esto último nos hizo reír, pero por fortuna nos guio a una solución potencial mucho más seria.

"¿Sabes? Hay triciclos para adultos", le dije. Se le prendió el foco, no lo había considerado. Seguro se vería un poco extraña comparada con las brillantes bicis, pero resolvería el problema de inmediato sin la necesidad de "aprender" de verdad. Podría seguirle el paso a su hija (que era el nivel superior del problema) y saltarse el asunto del equilibrio. Es justo lo que una amiga mía hizo cuando su cuerpo envejeció y se rindió a andar en bici, pero su mente no.

Se sintió tan bien con esta solución que no me molesté en explorar otras formas para que pudiera seguirle el paso a su hija.

Éste es el poder de trabajar con una pareja o en equipo: cada uno tenemos diferentes experiencias y perspectivas para compartir. Fui capaz de darle una solución instantánea a un problema que la había agobiado porque le parecía demasiado difícil. Esto le permitió dejar de pensar y empezar a hacer.

Actuar bajo presión

En mi clase leemos un capítulo de *Las uvas de la ira* de John Steinbeck. Cuenta la historia de la confrontación entre un granjero de la Dust Bowl (la Gran Sequía), cuya tierra ha sido incautada por el banco, y un joven chofer de tractor contratado para arar la tierra y destruir la casa y la granja en el proceso. El chofer del tractor creció en el vecindario y el granjero lo conoce a él y a su padre.

Después de que la clase ha leído la historia, pido que levanten la mano los que elegirían manejar el tractor si no tuvieran otra opción mejor para apoyar a su familia. Luego pregunto cuántas personas no manejarían el tractor y cuántos no están seguros. Obtengo más o menos 45 por ciento de cada lado y un 10 por ciento de indecisos.

Éste es un problema moral clásico. El chofer del tractor se da cuenta de que lo que hace es destructivo para la granja y la familia del granjero, aunque siente que tiene pocas alternativas para mantener a su propia familia. Al final, racionaliza su posición al decirle al granjero que, si no lo hace, alguien más labrará la tierra y destruirá la granja. Incluso si el granjero le dispara, otra persona vendrá mañana y hará el trabajo. Es muy común la racionalización y justificación: "Si no lo hago, alguien más lo hará". También tiene esta variante: "Debo cuidar a mi familia" y otra un poco menos filosófica: "Sólo estoy siguiendo órdenes".

Me gusta esta disertación porque me da una buena entrada para compartir con los estudiantes mi creencia de que no hay forma de saber lo que harán cuando en verdad enfrenten un dilema moral como ése. Les digo que en momentos de crisis de mi propia vida he descubierto que no siempre actúo de acuerdo con mi autoimagen.

Una vez, Ruth y yo viajábamos por Francia en un automóvil rentado. Ella iba manejando y nuestro hijo pequeño en el asiento de atrás. Al dar la vuelta hasta arriba de la colina, vimos una línea de carros parados en un semáforo en la parte baja. Ruth intentó bajar la velocidad y no pasó nada. Gritó que los frenos no funcionaban. Después de un momento de terror me sentí relajado y consolado por la sensación de que al menos los tres moriríamos juntos. Por suerte, el único que murió fue el auto (pérdida total), ni nosotros ni la desventurada familia francesa contra la que chocamos resultó herida.

De hecho, el conductor francés era muy gracioso. Arruinamos su remolque para vacaciones familiares, y a pesar de ello sugirió que comiéramos juntos porque no podíamos hacer nada hasta que llegara la agencia de autos rentados y la compañía de camiones de remolque abriera (después de la hora de la comida). Para mi vergüenza posterior, estaba demasiado molesto como para aceptar este generoso acto de civilidad.

Después del choque, casi de inmediato, descubrí lo que había pasado. El auto era estándar, y Ruth, que siempre maneja automático, se equivocó y puso el pie en el clutch en vez del freno. ¡Me sentí tan estúpido! En vez de tranquilizarme con nuestra inminente muerte, debí mover el pie y pisar el freno (o decirle que lo hiciera), o jalar el freno de mano, o bloquear el auto en reversa ¡o cualquier otra cosa en vez de lo que hice! Por lo general soy muy lúcido y actúo bien en las emergencias. ¿Qué me pasó? Éste no era el Bernie que conozco.

Tuve una experiencia similar cuando estaban considerando a un buen amigo y colega para una promoción. En la oficina del director surgieron dudas respecto a su efectividad como maestro. Me tocó evaluar su clase y me pidieron que los estudiantes completaran los formatos. Hice lo que me indicaron. En mi oficina le eché un vistazo a los formatos y me di cuenta de que algunos le causarían problemas. Si los enviaba a la oficina del director no le darían la promoción.

Dudé. Sabía que mi colega era un buen maestro, aunque su estilo era poco ortodoxo y no todos los estudiantes apreciaban su enfoque creativo. Además, no creía que los formatos fueran una buena medida para evaluar su manera de enseñar. Sobre todo, pensé en ser leal a mi colega, y la verdad no compartía muchos de los valores que usaba el equipo de director para juzgar gente. Con todos estos factores en el lado de "perder" algunas de las formas, mi autoimagen en ese momento fue que no se las entregaría. Pero al final reenvié el paquete completo.

Resolví mi crisis moral haciendo exactamente lo que estaba seguro que no haría. Por fortuna no fue un caso de vida o muerte. Mi amigo estuvo molesto por un tiempo. Pero su promoción sólo se pospuso un año, siguió con una carrera distinguida y vivió (más o menos) feliz para siempre.

Aunque puede ser interesante leer sobre las situaciones de otros y juzgar cómo habrías manejado la situación, es más útil buscar en tu propia vida. Al examinar tus propias racionalizaciones y compromisos morales, puedes entender mejor la complejidad e imprevisibilidad de las decisiones éticas y morales de la gente.

Enfrenté un dilema cuando Dave, el CEO de una compañía en Berkeley que diseñaba equipo de automatización personalizada, me invitó a almorzar para discutir sobre mi unión con la junta directiva de la compañía. Mientras hablamos, algunos de los planes de Dave sobre el uso de automatización en lugar de seres humanos en los trabajos me prendieron el foco rojo. Era un punto complicado: yo no quería estar asociado con cualquier cosa que le quitara el trabajo a la gente, pero aun así la oferta me tentaba mucho (incluía interesantes opciones de acciones). Estaba seguro de que si le decía mis verdaderas objeciones destruiría el trato.

Fue un momento de presión y necesitaba darle una respuesta. Le dije que no aceptaría su oferta. Me pidió que explicara mi decisión. Después de detallar mis objeciones, me aseguró que compartía mis preocupaciones y que no haría las cosas que yo objetaba. ¿En verdad lo creía? No estaba seguro. Después de todo, la automatización está diseñada para realizar las tareas humanas. Aun así, ese pequeño empujón me hizo apartar mi conciencia. Acepté unirme a la junta directiva.

Mi experiencia en la junta fue bastante positiva a nivel técnico y personal. Muchos años después la compañía fue vendida a un corporativo más grande y mis acciones me dieron una de las ganancias financieras más grandes de mi vida. Mirando atrás, siempre recuerdo lo seguro que estaba en aquel almuerzo de que al decir mis objeciones destruiría el trato. En realidad pasó lo contrario.

Ese día aprendí dos grandes lecciones. Primero, creí que podía saber cómo reaccionaría alguien más, pero no se puede. Nunca puedes asegurar lo que otra persona está pensando. Segundo, estaba seguro de resistir la tentación, pero en cuanto alguien me dio una excusa, de inmediato racionalicé mis principios para hacer lo contrario. Esto me dio mucha comprensión por los amigos que, en el momento crucial, eligen manejar el tractor.

En *El rojo emblema del valor* de Stephen Crane se describe un estudio clásico sobre la ansiedad y cómo actuamos bajo presión. Esta novela nos da un retrato psicológico vívido de un joven soldado completamente rodeado por la ansiedad que bajo el fuego se ha convertido en miedo. Conforme la guerra avanza, expone su cobardía y al final su heroísmo. Al igual que este joven soldado, a pesar de nuestra autoimagen, es difícil saber con anticipación cómo actuaremos bajo presión.

Investigaciones y estadísticas

Cuando tomas decisiones basadas en "una investigación", con mucha facilidad te dejas llevar por las bases del investigador, las cuales pueden guiarte a hacer falsas declaraciones y exageraciones.

Pasé la mayor parte de mi vida profesional publicando artículos de investigación, así que sé de qué hablo. Entiendo el proceso de investigación científica y sus limitaciones. Además, varios de mis mejores amigos son científicos. Algunos incluso son científicos conductuales y psicólogos, y he sido testigo (hasta sujeto de estudio) en algunos de sus experimentos.

Basado en todas estas experiencias, considero que al estudiar el comportamiento humano es muy difícil aparecer con declaraciones categóricas. Hay mucho potencial para las malinterpretaciones, las exageraciones y la mala ciencia. Por eso me molesta cuando alguien usa frases como: "la ciencia muestra que...", "las investigaciones demuestran que...", o "lo importante es que hay ciencia detrás de todo esto". Desearía que *supiéramos* todas las cosas que decimos. Aunque hay mucha ciencia buena y hasta grandiosa, siento que las afirmaciones de la verificación científica son exageradas y sin garantía cuando se tratan del comportamiento humano.

Es probable que los excesos de la ciencia surjan porque hay muchas declaraciones sin contenido y se propagan los ridículos sistemas de creencias. Para combatir estos fraudes, explotación e ignorancia plena, se desarrolló una especie de vigilantismo científico. Algunas personas consideran que nada es válido sin el visto bueno de la ciencia. Mi principal preocupación es que cuando insistimos o aseguramos la veracidad de la ciencia, degradamos, disminuimos o hasta descartamos fuentes importantes de sabiduría personal que existen independientes de la verificación experimental formal.

Por desgracia, la verificación experimental también es una herramienta imperfecta. Creo que es importante entender que cada vez que alguien usa la palabra *ciencia* o *investigación*, no está hablando del trabajo de seres omnipotentes con acceso a toda la verdad, sino de seres humanos falibles que trabajan en un paradigma aceptado en el momento y socializado en una familia científica y con una estructura laboral. En otras palabras, es difícil aprobar o desaprobar de manera convincente las cosas experimentalmente a menos que ya estén dentro del sistema de creencias de la gente.[1]

Es tu turno

Haz lo siguiente (no lo *intentes*): escribe una lista de tus creencias fundamentales, todas las que puedas. Luego pregúntate cuáles son las bases para cada una. En mi experiencia noté que, de manera sorprendente, un gran número de creencias fundamentales provienen de mis padres, del entorno social y físico en el que crecí y de mis grupos de amigos y trabajo. La siguiente pregunta es: ¿Cuáles de esas creencias todavía sirven? Y ¿cuáles se han vuelto disfuncionales y es mejor descartarlas?

Incluso cuando "el río suena" no siempre significa que "agua lleva". Por ejemplo, el hecho de que la mitad de matrimonios termine en divorcio, no significa que debas renunciar a la idea de casarte (sólo porque hay una tasa de fracaso muy alta). Las estadísticas muestran las tendencias, pero no pueden predecir tu vida.

Del mismo modo, considera que las probabilidades *siempre* están en contra de la grandeza. Si alguien fuera a decidir carrera sólo por las perspectivas de éxito económico, no tendríamos estrellas de cine, autores, poetas o músicos. Las probabilidades de que cualquier persona se vuelva un músico profesional e independiente son muy bajas, pero aun así, si prendes el radio escucharás cientos de ellos. Las probabilidades estaban en contra de Los Beatles, Elvis y Grateful Dead. Pudieron ser más "científicos" y elegir una carrera más razonable, ¡pero habría sido una gran pérdida para el mundo!

Si triunfas, las probabilidades no tienen sentido. Cualquier camino o carrera tiene una tasa de éxito del 2 por ciento, si estás en ese 2 por ciento, tienes un 100 por ciento de posibilidad de triunfar. Muchas veces los tiros largos son los más gratificantes.

El regalo de fracasar

Oprah Winfrey fue despedida de su primer empleo como conductora de televisión. Es algo bueno, ¿te imaginas lo que se hubiera perdido si se quedaba muy a gusto como reportera en Baltimore? El primer libro de Dr. Seuss fue rechazado por docenas de editores y salió a la luz sólo porque un amigo aceptó publicárselo. Thomas Edison falló tantas veces tratando de producir la bombilla eléctrica que dijo la famosa frase: "No fracasé. Sólo encontré diez mil formas en las que no funciona".

Casi sin excepción, la gente que ha hecho grandes cosas también ha experimentado grandes fracasos. En muchos casos, ser despedido (o algún fracaso devastador similar) se convierte en un regalo que les permite triunfar al final.

Como sabes, en la *d.school*, uno de los principios básicos es la *preferencia a la acción*, es decir, es mejor empezar a hacer algo y equivocarte, que no hacer nada y esperar a que aparezca el camino correcto. Fracasar es parte del resultado esperado si tienes una preferencia a la acción.

La idea es no paralizarte frente a la incertidumbre. Si haces algo y funciona ¡bien! Si haces algo y fracasa, quizá habrá que mejorarlo. Haces, fracasas, aprendes. Vuelves a hacer, vuelves a fracasar y aprendes algo más. Si estás consciente de lo que has hecho, el fracaso es un maestro. Con un poco de suerte, después de suficientes fracasos tendrás éxito. En muchos casos, éste es un método mucho mejor que una investigación larga e interminable sobre la manera correcta de proceder.

Nadie quiere fracasar, pero de todos modos lo hacemos. No le tengas miedo. Es parte del precio que pagas por la acción. No hay necesidad de barrerlo, meterlo bajo el tapete y pretender que no existe. La forma más liberadora de reconocer el fracaso es festejándolo.

Veamos a los payasos de circo. Cuando sin querer, se les cae uno de los objetos con los que están haciendo malabares, muchas veces saltan con los brazos abiertos una gran sonrisa y un fuerte ¡Ta*aaa tan!* Mi antiguo colega Rolf Faste acostumbró a los participantes de nuestro taller para que hicieran la reverencia y el ¡Ta*aaa tan!* cuando se equivocaban. Esto hizo maravillas, permitió que estuviera bien el mostrar los errores de alguien y no intentar cubrirlos. La ruta acepto-repito-me equivoco, si se usa con una mente abierta, puede guiar a soluciones mucho mejores que las guiadas por el miedo al fracaso. Un sistema que castiga los fracasos en vez de aceptar que ocurren en el camino al éxito suprime la creatividad.

Las personas aceptan la noción de que el fracaso puede ser productivo (como una abstracción), aunque como era de esperarse, en realidad les parece difícil aceptar el fracaso a menos que estén en un entorno que apoya esta noción. En la *d.school* triunfamos al crear tal ambiente. Es increíble ver graduarse a los estudiantes libres de la esclavitud de una carrera completa basada en el principio de que es malo (incluso catastrófico) cometer un error. La presión desaparece, se sienten renacidos y muchas veces produce resultados sorprendentes.

Se llama éxito, ¡estúpido!

En mi memoria, séptimo y octavo grado están en blanco porque construí un cortador de botellas. Esta experiencia destaca de todo; tengo presente cada detalle del proyecto. Me acuerdo del mercado de frutas donde encontré el huacal para desmantelarlo y usarlo como base de madera. Recuerdo la compra de sólo un metro de alambre de nicrom para el centro de mi dispositivo. Un alambre delgado hecho de nicrom tiene alta resistencia eléctrica y se pone al rojo vivo cuando la electricidad pasa a través de él como en los tostadores y las secadoras. Cuando enredas el alambre al rojo vivo alrededor de una botella de vidrio (¡no había de plástico en aquellos días!) la calienta lo suficiente para romperla si está sumergida en agua fría. Si el alambre es lo suficientemente delgado y tensas muy bien el enredo, obtienes un corte impecable y la botella se abre en dos partes perfectas: el cuello y la base. Pensaba que era magnífico, aunque no necesitaba cortar botellas para nada.

El único maestro que recuerdo es el señor Dill, profesor de ciencias que inspiró el proyecto y fingió una leve molestia cuando me acerqué después de clases para pedirle consejo. También recuerdo vívidamente descubrir por la vía difícil que necesitaba tener mi propio fusible en el dispositivo si no quería quemar los fusibles de todo el departamento.

Fue una experiencia memorable porque fue la primera vez que recuerdo hacer algo en verdad por mi cuenta. Descubrí que podía crear algo real en el mundo. Fue una experiencia formativa que incrementó mi autoestima y me dio autosuficiencia. Aunque no lo noté en ese momento, ese pequeño éxito presagió una vida de gran satisfacción derivada de descubrir cómo hacer cosas yo solo y resolver problemas.

He visto que a muchos de mis colegas les ocurrieron experiencias similares. David Kelley habla de cómo, cuando era joven, tuvo éxito en desarmar el piano de la familia. Mi amigo Vic habla más de su proyecto de ciencia de la juventud que del sofisticado diseño del robot que lo hizo famoso.

Hasta los hábitos (como leer) se aprenden al construir sobre pequeños éxitos. Recuerdo cuánto poder sentí cuando terminé mi primer libro completo. Desde ese momento era un lector. Después, conforme me fui ocupando de mi vida profesional, perdí el hábito de la lectura. Así que cuando empecé a enseñar mi curso "El diseñador en sociedad" puse lecturas (tanto para mí como para los estudiantes). Les pedí terminar un libro cada semana durante dos meses. Esta actividad nos acostumbró a hacer un espacio regular en nuestras vidas para leer. Retomé el hábito y muchos estudiantes me dicen lo agradecidos que están de tenerlo como un beneficio adicional de mi curso.

El éxito abre la puerta para aumentar la autoestima. Si llega temprano en la vida, puede hacer mucho para moldear tu dirección futura. Si no, todavía se puede lograr. Es importante probar con diferentes modalidades y no permanecer bloqueado en una que no te alimenta ni te satisfaga.

El miedo al fracaso muchas veces nos mantiene en una rutina de insatisfacción. En vez de soñar con cambiar, actívate y experimenta nuevas cosas. Pequeños pasos acompañados de éxitos guían a una mejor transición en la vida.

Es tu turno

¿Tienes una experiencia formativa de la juventud o de la niñez en la que lograste algo por ti mismo? Recuerda la esencia de esa experiencia. Revisa tu vida actual ¿Qué harías diferente si no tuvieras miedo de fracasar o verte mal? En la siguiente semana, prueba algo nuevo en una de estas áreas. Al principio da un pequeño paso hacia adelante. Luego, en las tres semanas siguientes da pasos adicionales. Si tropiezas, levántate y sigue adelante.

Los constructos (ideas) principales de este capítulo son fáciles de examinar en tu vida: sé honesto y nota las diferencias entre tu autoimagen y la forma en que actúas. Nota la diferencia entre *intención* y *atención,* entre *intentar* hacer algo y *hacer* algo de verdad. Por último, observa cómo el hábito de reaccionar ante tus sueños se construye a partir de la experiencia directa y de superar el miedo al fracaso.

CUIDA
tu
lenguaje

6. Cuida tu lenguaje

Si puedes fingir la sinceridad tienes el éxito asegurado.

GEORGES BURNS

La forma en que nos comunicamos con la gente tiene un efecto significativo en sus opiniones sobre nosotros. No se trata de lo que decimos, sino cómo lo decimos. Llegar a ser buenos comunicadores puede curar relaciones, guiar a mejores oportunidades de empleo y permitirnos alcanzar audiencias más grandes con cualquier mensaje que queramos compartir.

El lenguaje influye en la manera que vemos las cosas. Los especialistas en relaciones públicas y publicistas conocen y explotan esto, igual que los políticos y todos los artistas del discurso. Se sabe desde hace tiempo que usar diferentes etiquetas para la misma cosa provoca distintos comportamientos. Para nuestros propósitos es importante entender qué nos hacemos al usar determinadas palabras y lenguaje. Cuando concientizamos su uso, podemos ajustar el lenguaje para que se adecue mejor a nuestras verdaderas intenciones y situaciones existenciales que estamos describiendo.

Sí/No

Vamos a empezar con una simple dicotomía: sí y no. Hay situaciones en las que decimos una cosa y significa otra. Algunas culturas por ejemplo, reconocen circunstancias específicas en las que es de mala educación decir no; en otras se considera amable decir no cuando quieres decir sí. Por ejemplo, en Irán, tu anfitrión espera que lo rechaces la primera vez que te ofrece comida o bebida. Sólo después de que insista, aceptas y puedes decir sí.

Muchas veces uso *sí* y *no* en un ejercicio simple. Pongo a las personas por parejas y les pido que tengan una conversación donde una persona dice sí muchas veces y, cada vez que lo hace, la otra responde no. Después de algunos minutos les pido que inviertan los papeles.

Para la mayoría de la gente es más fácil decir sí. Pero un gran número reporta sentirse más a gusto diciendo no, y muy pocos no sienten ninguna diferencia. Para mí, lo interesante es la dinámica entre las dos personas. Puede tomar muchas formas. Por ejemplo, puede parecer una discusión, una conversación simple, formal, una gran broma, hasta un cortejo. El punto es que los participantes experimenten la gran diferencia entre la letra y la música en una conversación. En este ejercicio escribo la letra: *sí, no, sí, no, sí, no* y los participantes ponen la música y hasta la coreografía (el tono y lenguaje corporal que usan cuando dicen sí o no). Después de reflexionar este ejercicio, con frecuencia la gente encuentra algo en su elección "musical" que los ayuda a alcanzar un mayor entendimiento de sí mismos.

Y/Pero

La letra tiende a predominar sobre la música en las palabras *y* y *pero*. La situación existencial casi siempre llama a la conjunción *y*, no a *pero*. Aun así, muchas veces usamos *pero* en lugar de *y*. Esta sustitución es tan común que suena correcta. Por desgracia seguido tiene el efecto de cambiar un enunciado neutral en uno negativo.

Veamos un ejemplo: "Quiero ir al cine, *pero* tengo mucho trabajo". La oración usa la conjunción *pero* para unir las siguientes frases: "Quiero ir al cine" y "tengo mucho trabajo". Supongamos que la situación existencial es que las dos son ciertas. Entonces, de hecho, la situación actual se representaría con: "Quiero ir al cine *y* tengo mucho trabajo". De manera existencial, el cine y el trabajo no son opuestos. La palabra *pero* está bien en el uso común *y* no refleja la verdadera situación.

Cuando usas *pero* creas un conflicto (y a veces una razón) que en realidad no existe. Con *y* no hay problema. Puedes o no elegir ir al cine o a trabajar. El uso de *pero* cierra la conversación, mientras que *y* la abre. Además, casi siempre lo que sigue a *pero* es un razonamiento basura. En términos de improvisación, *pero* es bloquear; es evitar lo más posible.

¿Dónde pones la mayoría de tus *peros*?

Sin importar lo que estés tratando de lograr, nota dónde te bloqueas y cierras la conversación con un *pero*. Digamos que tu objetivo es conseguir un internado de prácticas médicas popular y requiere un largo viaje. Entonces te dices: "Quiero este internado, *pero* me da miedo volar". Lo que tu cerebro escucha es: "¡Ah! Bueno, *c'est la vie*. Supongo que no haremos este internado".

Cuando abres el diálogo con: "*y* me da miedo volar", tu cerebro considera cómo lidiar con las dos partes del enunciado. Tal vez irás a terapia para solucionarlo, practicarás meditación o buscarás otra alternativa.

El problema es que si sólo usas *y* en una conversación, suenas extraño. Hace años hice un experimento y usé la palabra *y* en vez de *pero* durante todo un fin de semana. Créeme, no querrás hacerlo.

Si es prudente, manejo la situación diciendo *pero* en voz alta, y de forma simultánea lo convierto en un *y* en mi interior. Esto funciona bastante bien, excepto cuando alguien que ha tomado un taller conmigo me escucha y muestra lo inteligente que es corrigiéndome de manera pública. Sonrío *y* lo odio. Por favor, no seas un sabelotodo, sólo concéntrate en ti. Si quieres corregir a tus amigos y familia, dales una copia de este libro. Será mucho mejor para tus relaciones personales.

Es tu turno

Para probar esto, las próximas cinco veces que uses la palabra *pero* cámbiala en tu mente por un *y*. Hazlo en silencio, repite lo que acabas de decir en voz alta cambiando esta palabra y pon atención a cómo te sientes.

Deber/Querer

Lo siguiente en nuestra lista de palabras y frases a eliminar (o usar lo menos posible) es: *tengo que* o *debo*. Por lo general, la verdadera situación se describe mejor con un *quiero*. En vez de discutir con la gente sobre esto, siempre les pongo un ejercicio simple, uno que funciona mejor con un compañero. Formulas un enunciado que empieza con *debo* y tu pareja repite la frase sustituyéndolo con *quieres*. Por ejemplo, dices "*debo* terminar el trabajo" y tu compañero repite "*quieres* terminar el trabajo".

Esto funciona en casi cualquier cosa y puede mostrarte lo mucho que tus propios deseos y elecciones influyen en las decisiones que crees impuestas. Por ejemplo: "*tengo que* respirar" se convierte en un "*quiero* respirar".

"¿Qué? ¡En verdad *tengo que* respirar!" Podrías contestar.

Es cierto... si *quieres* seguir vivo. Tienes la opción de no respirar y suicidarte. Elegir seguir respirando es una buena táctica si *quieres* vivir.

ES TU TURNO

Para probar esto, en tu mente cambia *tengo que* o *debo* por *quiero* las próximas veces que lo uses. Hazlo en silencio, sólo repítete el enunciado que acabas de decir en voz alta supliendo la palabra.

Este ejercicio es muy efectivo para hacer que las personas se den cuenta de que eligen lo que hacen en sus vidas (incluso lo que no les gusta). De vez en cuando alguien se bloquea en uno o dos puntos. Un buen ejemplo de esto le pasó a mi amigo Ozgur. Mientras fue estudiante de mi curso, nunca pudo decirse que quería tomar los cursos de matemáticas que solicitaba su maestría. De hecho, supo que en definitiva no quería tomarlos y no lo haría a menos que fuera absolutamente necesario.

Después de la graduación, trabajó en la industria durante un año y regresó a Stanford para hacer su doctorado. Una de las primeras cosas que hizo fue buscarme e invitarme una cena turca en San Francisco. Durante la velada me contó que, aunque todavía le parecía odioso el requerimiento de matemáticas del programa de maestría, se dio cuenta de que quería tomar esos cursos porque el beneficio sobrepasaba el disgusto. Para mí valió la pena la espera: me encanta la comida turca y con esta cena dio inicio una tradición que duró años: probar todos los restaurantes turcos de la zona.

Incluso si Ozgur no hubiera tenido el entendimiento tardío sobre el requisito matemático, el ejercicio deber/querer de todos modos habría cumplido su objetivo para él. Es importante darse cuenta de que la vida diaria no es una ciencia exacta. En algunos campos, como las matemáticas, un sólo contraejemplo es suficiente para probar que algo no funciona. Por el contrario, mi visión de la vida dice que si haces algo y te funciona casi todo el tiempo, entonces también puedes tomarlo como regla general.

Si Ozgur examina su vida y la única cosa que debe hacer y no quiere es el requisito de las matemáticas, entonces bien puede vivir como si quisiera hacer todo lo que hizo. ¿Has escuchado la frase: "La excepción confirma la regla"? Bueno, si tienes que luchar para encontrar una sola excepción, también puedes vivir como si la regla fuera válida.[1]

NO PUEDO/NO QUIERO

Ahora veamos la frase *no puedo* y comparémosla con *no quiero*. Una buena manera de examinarla es usar el mismo procedimiento del ejercicio anterior. Por ejemplo, si dices en voz alta: "No puedo dejar de respirar", entonces piensas: "No quiero dejar de respirar". Muchas veces, sólo el cambiar *no puedo* por *no quiero* te llena de poder. *No puedo* implica incapacidad, impotencia; *no quiero* significa voluntad y elección.

Otros cambios de palabras similares que vale la pena hacer son: *Necesito* por *quiero*; *tengo miedo de* por *me gustaría*. Pruébalas la próxima vez que te descubras diciendo *necesito* o *tengo miedo de*. Estas simples sustituciones hacen una gran diferencia: agregan empoderamiento a cómo te sientes sobre ti y tus acciones.

Ayudar y debería

Otras dos palabras que es bueno eliminar o minimizar son *ayudar* y *debería*. Si piensas en *ayudar* contra *apoyar*, el problema se vuelve claro. Cuando *ayudas* a alguien, lo tratas como si estuviera indefenso o inútil y sólo tú fueras capaz de hacer lo que necesita. Si *apoyas* a alguien lo tratas con dignidad y sabes que esa persona también es capaz. *Apoyar* es una palabra que da poder, *ayudar* a veces puede quitarlo.

De manera similar tenemos *debería*. Implica hacer algo bajo una obligación, es como un *tengo que* en vez de un *quiero*. El ejercicio que me gusta hacer con esta palabra implica que un miembro de la pareja diga un enunciado que empiece con "Debería..." Entonces el compañero responde: "¿Qué es *debería*?" Después de dos minutos de este absurdo, la persona "*debería*" entiende la idea. Es momento de invertir los papeles para que la pareja pueda darse cuenta de lo absurdo de la mayoría de los enunciados. También es muy divertido hacer este ejercicio tú solo.

¿Por qué?

Cuando se pueda, evita preguntar *por qué* en la comunicación interpersonal. Cuando le preguntas a alguien *por qué* hizo tal cosa, la palabra tiene un ligero tinte negativo, una connotación de desaprobación que provoca que la otra persona sienta la necesidad de defenderse.

Mejor usa enunciados en primera persona (yo) que dejen clara tu posición. Por ejemplo, en lugar de preguntar: "¿*Por qué* elegiste a Jane como tu colíder?" Di: "Me dolió que no me eligieras de colíder."

Una conversación directa y honesta ahorra tiempo y logra el objetivo de manera efectiva. En este ejemplo, la respuesta a por qué eligieron a Jane puede ser una *bueeeeena* razón que no te dará la oportunidad de decir que tus sentimientos fueron heridos.

Preguntas en general

Las preguntas de opinión, las retóricas y las basadas en hechos son las más comunes en una conversación normal. Es importante darse cuenta de que no todas las interrogaciones son genuinas. La mayoría de la gente sabe que no hay una pregunta real en los típicos saludos: "¿Cómo estás?" "¿Cómo va tu día?" "¿Todo bien?" Y las personas no esperan una respuesta verdadera.

Estas interrogantes sin aparente propósito muestran cortesía y buena voluntad y se pueden usar para reconocer la humanidad del otro. Cuando algún extraño me hace estas preguntas, por lo general supongo la amabilidad de su parte y entro en su juego contestando como lo esperan. Pero es difícil para mí comportarme cuando la otra persona lo tiene programado de forma obvia como parte de su trabajo. En una ocasión se me metió el diablo y tuve la siguiente conversación con una cajera del supermercado:

> ELLA: Buenos días, ¿cómo está usted?
> YO: Me estoy muriendo de cáncer.
> ELLA: Muy bien.
> YO: Que tenga buen día.

Claramente ella hizo lo que esperaba y no le importó mi respuesta, ni siquiera la escuchó.

Además, algunas personas sólo cuestionan para llenar el vacío. Sienten que necesitan decir algo y hacen una pregunta. Igual que a la cajera, en realidad no les importa la respuesta; su atención está en otro lado; de hecho, ni siquiera te escuchan. A veces interrogan de nuevo antes de que la persona haya terminado de responder lo anterior. En estos casos, se nota con claridad que la pregunta específica es irrelevante. Si al interrogador no le interesan tus respuestas, es evidente que no hace preguntas *genuinas*.

En una relación de maestro-alumno o jefe-trabajador, las interrogaciones también se usan como símbolos de estatus. Si soy el profesor y los estudiantes me preguntan, esto muestra que me respetan (¡que quieren conocer mis respuestas!) y piensan que soy inteligente ¿verdad?

O podría ser al revés: quieren hacer preguntas inteligentes y que se note. ¿Has visto esa gente que habla sin parar en una reunión, usa palabras rimbombantes y pide el micrófono de preguntas sólo para que los demás escuchen lo que tiene que decir? En cambio, si a alguien le dicen: "¡Es una buena pregunta!" gana estatus. A veces el objetivo es que te vean como alguien que se pone al mismo nivel que la persona de autoridad.

Un verano, impartí clases a unos jóvenes investigadores en un *resort* búlgaro, en el Mar Negro. La última noche, después de una larga semana, esperaba la fiesta de despedida. Cuando llegué, ya estaba en su apogeo. Fui a la barra de bebidas y me serví una copa de vino. Al entrar al salón principal, todo el mundo estaba sentado en el piso, mirándome. Le pregunté al profesor responsable: "¿Qué pasa?" Y me respondió que los jóvenes querían hacerme algunas preguntas.

Pasar la noche respondiendo preguntas era lo último que tenía en mente, pero no quería ser grosero, sentí que debía responder. Entonces les dije que todos los que querían preguntar que alzaran la mano. ¡Parecía que todos tenían una interrogante! Por un momento vi que se desvanecían mis esperanzas de pasarme una velada de disipación. Desesperado, pedí que cerraran los ojos e imaginaran que me hacían su pregunta, luego que imaginaran mi respuesta. Al final les pedí que abrieran los ojos y levantaran la mano los que no habían conseguido una respuesta. Nadie. Así que dije: "Bueno ¡levántense todos y vamos a divertirnos!"

Estoy seguro de que esa noche no había preguntas genuinas (tuvieron toda una semana para cuestionarme lo que quisieran). En especial, quedé muy satisfecho de no permitir que todo ese conjunto de preguntas atrapara mi ego. Sin importar las respuestas que se hayan dado, no nos hubieran dejado tener una velada agradable y genuina.

Para hacer una pregunta *genuina* debe haber una ausencia de información. Por ejemplo: "¿Cómo te llamas?", "¿Qué hora es?" y "¿Cuál es la forma más rápida de llegar al aeropuerto?" parecen interrogantes verdaderas. Pero no puedes estar seguro hasta que sepas si al otro en verdad le interesa saber esa información. "¿Cómo te llamas?" puede ser una frase sólo para llenar el silencio. "¿Qué hora es?" podría ser un coqueteo. "¿Cuál es la forma más rápida de llegar al aeropuerto?" pude ser la forma que usa un colega para insinuar el emocionante viaje que va a realizar.

Algunas preguntas son muy poderosas para promover la interacción. Si al cuestionar algo, haces que todos piensen en ello, provocas una interrogante *generativa*. Además, si en verdad te importa, la pregunta se vuelve *generativa y genuina:* promueve un diálogo en el que ambas partes escuchan y se comprometen de verdad. El que interroga no solamente da la "respuesta correcta". La pregunta promueve una conversación verdadera y es productiva para todos los interesados. El resultado es mucho más que sólo pasar la información conocida.

Muchas veces, triunfar se vincula con las relaciones interpersonales (en resumen, somos mejores juntos). Cuando tus colegas y superiores te respetan, tiendes a ir más lejos. Cuando tus amigos sienten que te preocupas por ellos de forma genuina, generas lazos más duraderos y significativos. Incluso a un nivel subconsciente, la gente se percata cuando haces preguntas desechables. No llenes el espacio o el vacío con ellas. Si le preguntas a tu compañero: "¿Cómo va tu día?" Escucha la respuesta con atención.

Contexto

El contexto de tus palabras tiene una gran influencia en su significado y cómo son recibidas. He tenido la experiencia de decir algo a alguien y luego sorprenderme al saber que escuchó algo completamente diferente.

Una noche, mi esposa y yo nos despedimos de una fiesta en el Club de la Facultad en Stanford. Cuando atravesamos la puerta principal, Ruth me dijo: "Dios, estoy feliz de salir de ahí".

Ron, el decano del departamento y anfitrión de la fiesta, estaba exactamente detrás de nosotros y le preguntó a mi esposa: "Ruth, pero no estuvo tan mal ¿o sí?" Ella tuvo que explicar que los zapatos la estaban matando y que ya no aguantaba las ganas de quitárselos. Aseguró que se había divertido mucho en la fiesta. Era la verdad. Pero no estoy seguro de que Ron le haya creído ese día.

Aunque hay muchas causas para los malos entendidos, uno de los más importantes es el contexto donde toma lugar la conversación. Al enseñar, la desalineación de contexto es una de las principales causas de malos entendidos. Igual que Ruth y Ron, el estudiante puede *hablar* de los zapatos mientras el profesor *escucha* sobre la fiesta. Es claro que las mismas palabras tienen ideas completamente diferentes detrás de sí, a menos que se comparta el contexto.

En clases, una buena forma de asegurarme que todos están en el mismo contexto es que los estudiantes hagan una pregunta sobre el contenido del curso de manera periódica. Si la clase tiene veinte alumnos o menos, cada uno debe participar. Para grupos más grandes, tomo algunos al azar. Muchas veces me impresiono al descubrir lo diferentes que son algunos contextos de lo que yo había supuesto. Les pido cualquier pregunta, desde la más tonta hasta la más inteligente y descubro que algunos han malinterpretado por completo la clase. Es una gran herramienta para meter a todos en el mismo contexto antes de que cualquiera se pierda lo suficiente como para recuperarse.

Trabajo mucho con colegas de otras disciplinas y de otros países. De nuevo los contextos son críticos para las conversaciones significativas. Hace muchos años di un curso titulado "Diseño asistido por computadora". Mi amigo y colega Doug quiso participar. Los dos tenemos fuertes bases matemáticas: las mías desde la investigación de sistemas mecánicos y las suyas desde la investigación de sistemas químicos. Somos bastante informales y abiertos uno con el otro. Creo que los estudiantes nunca antes (ni después) vivieron una experiencia en la que un profesor daba su ponencia y el otro decía: "¡Eso es basura!"

Después de la clase, nos dimos cuenta de que no compartíamos los mismos contextos; las mismas palabras tenían diferentes significados en nuestros respectivos campos de estudio. Doug y yo nos la pasamos muy divertidos y dimos un espectáculo lleno de energía, así que todo salió bien. Si no hubiéramos tenido líneas de comunicación directas y abiertas, habría sido un desastre.

CONVERSACIONES

En la comunicación verbal, la música y la letra cuentan, pero es común que la gente no le dé a la música el crédito suficiente. Incluso algo tan simple como el ejercicio sí/no puede disparar todo un rango de experiencias diferentes. El ejercicio se puede hacer en una forma enojada, aburrida, emocionante, divertida, seductora, tediosa, amorosa y demás. La moraleja es que *la música puede ser más importante que la letra.*

También puede darse el caso de que la letra en realidad no importe. Por ejemplo, muchas canciones de música pop tienen un estribillo que sólo nos atrapa, pero no significa nada de forma literal. De igual manera, quejarnos de nuestra situación es una vía maravillosa para atraer la atención de la gente y mantenerlos interesados en nosotros, incluso si en realidad no queremos su consejo.

¿Qué pasa si te quejas con tus amigos y te dan una recomendación? ¿Les agradeces y haces lo que te dijeron o contestas "sí, pero..."? Si eliges esto último, es una señal bastante fuerte de que sólo quieres ser escuchado y no estás interesado en resolver el problema.

Esto también funciona al revés. Es decir, si *ayudas* a un amigo a resolver sus problemas dándole algún consejo y te responde "sí, pero..." es una buena señal de que no quiere resolverlos. Sólo quiere que lo escuches, desahogarse y compartir su sentir. Quiere que oigas su canción. En estos casos, la respuesta más apropiada es un oído comprensivo y tu afirmación de sus sentimientos y experiencias.

Siempre me divierte cuando Ruth les dice a sus amigas que se tomen un antihistamínico para los síntomas del resfriado. Son mujeres que han criado a sus hijos desde la infancia hasta la adultez y han pasado por innumerables resfriados y otras enfermedades comunes. Sólo quieren quejarse. No necesitan o esperan consejos médicos de sus amigas; sólo quieren un poco de compasión. Sobre todo, desean la conexión con sus amigas porque sus propios hijos ya no les hablan como cuando eran pequeños.

Además, tenemos los diferentes estilos de comunicación. A uno de nuestros hijos adultos casi no le gustan las largas llamadas telefónicas de su madre. Al principio esto lastimó sus sentimientos. Ahora prepararon una estrategia. Si de verdad él no quiere platicar, le dice: "Esta llamada es de negocios". Obvio, se permiten cambiar de designación a media llamada. Ha sido un largo camino para lograr que cada uno se sienta a gusto con las diferentes necesidades conversacionales del otro.

También puedes aprender a hacer esto con tus compañeros y colegas. En vez de hablar sin parar, asegúrate de que la otra persona está en sintonía. Dile algo como: "Si estás ocupado, te puedo contar el resumen" o "¿Quieres que te lo platique ahora?"

Tengo un amigo cercano al que le encanta hablar con una sola persona. Siempre entabla conversación con la persona sentada junto a él en las cenas. Muchas veces los demás en la mesa se sienten ignorados. Además, sus conversaciones consisten en hablar de él, contar sus aventuras e historias. Hace años fuimos a una fiesta muy grande y noté que pasaba toda la noche hablando con una mujer que no conocía. Al día siguiente mi amigo dijo que había sido una fiesta muy agradable. Le pregunté sobre la mujer con la que había estado platicando toda la noche y ¡no sabía nada de ella! Se pasó toda la velada contando sus propias historias. Me queda claro que la mujer misteriosa era una buena oyente... y muy paciente.

Conozco a unos esposos que adoran compartir con sus amigos los detalles de cada aventura. Lo llaman el *interrogatorio* y parece provocarles mucha satisfacción. Les ayuda a mejorar la experiencia original y revivir sus historias. También es una forma importante para relacionarse con los demás.

Yo, por otra parte, descubrí que me gusta más saborear en mi mente o escribir mis experiencias que dar muchos pormenores sobre ellas. Así que cuando alguien me pide "explica los detalles", a propósito finjo escuchar "evita los detalles". Claro, también tengo la necesidad de conectar y compartir mi humanidad, pero para mí, por lo general, menos es más.

Incluso la gente con estilos muy diferentes puede comunicarse de manera efectiva. Por ejemplo mi esposa, nuestros hijos y yo. Si no tienes mucha experiencia para comunicarte con alguien, es difícil saber siempre cuál será la forma apropiada para transmitir tu mensaje. Cada nueva circunstancia presenta sus propios desafíos. He aquí algunas reglas generales que me parecen muy útiles:

- Primero, habla de tus experiencias y sentimientos tanto como sea posible. De esta forma te haces responsable directo de lo que dices, lo que provoca que los demás te sigan y también sean responsables de sus palabras. Al juzgar a otros, date cuenta de que sólo estás dando tu opinión. Siempre es mejor hablar a partir de cómo te hacen sentir o de lo que crees de manera personal. No generalices ni universalices tus juicios personales. Habla usando declaraciones en primera persona (yo).
- Una de las cosas más difíciles es escuchar la historia de alguien más sin interrumpir. Mucha gente interrumpe porque quieren decir algo antes de que se les olvide o porque después no será relevante. Lo mejor es dejarlo ir. Si sigue siendo apropiado al final, dilo. Si se pierde o queda sobreentendido (no importa lo brillante que hubiera sido) ¡nadie lo notará!
- Cuando eres escucha, otra cosa bastante complicada es no empezar una historia justo después de otra. Si no es tan pertinente con el tema como pensaste, el narrador sentirá que no le pusiste atención o no entendiste el punto de su historia. Por otra parte, si tu historia es adecuada

y mejor, parecerá que estás jugando al "uno más que tú". La historia de la otra persona pierde relevancia y se siente disminuida (en vez de apoyada) por tu historia.

Tengo un buen amigo que se divorció después de muchos años de matrimonio. En cuanto se separó de su mujer, se acercó a sus mejores amigos para informarles de manera individual. Todos los oyentes, sin excepción, le contaron una historia de las crisis pasadas en sus respectivas relaciones. Es claro que sus amigos (incluyéndome) tratábamos de hacerle sentir que lo entendíamos. Pero sintió que nadie lo escuchaba. En retrospectiva me doy cuenta de que habría sido un mejor amigo si hubiera apartado mi incomodidad y hablado sobre sus sentimientos, no sobre mis historias.

La intención se encuentra detrás de cualquier comunicación. ¿Qué intentas transmitir? Sólo decir algo no significa que te estás comunicando. Me di cuenta de esto desde hace mucho tiempo, como maestro. Podía decir algo varias veces, intentando dejar claro que ponía mucho énfasis en eso. De forma inevitable, si lo preguntaba en el examen, los estudiantes me decían: "Es injusto porque casi no lo mencionó en sus clases". Esto me hizo reflexionar que los mundos de los maestros y de los alumnos eran muy diferentes y que debía tomar la responsabilidad de asegurarme que mi comunicación se había recibido como lo había previsto.

Incluso si todas las partes están de acuerdo en lo que se ha dicho, aun si hay un papel escrito y firmado, eso no significa que en verdad, todos, estén de acuerdo en la misma cosa. Muchas veces hay malos entendidos.

A menudo sucede porque la gente no se asegura de compartir sus intenciones (y no sólo sus palabras). Recuerda, la comunicación exitosa implica *intención* y *atención*. Requiere la intención explícita de compartir el significado y el sentido, y la atención explícita para asegurarse de que se compartió de manera correcta. Salvo que tengas un fuerte vínculo de experiencias con alguien, muchas veces sólo decir algo no es suficiente para comunicarte de verdad. Los actores saben que no pueden representar bien un papel a menos que conozcan cómo piensa el personaje.[2] De forma similar, la comunicación real se facilita cuando todas las partes involucradas saben cómo piensan los demás.

He aquí mis mejores sugerencias para una buena comunicación interpersonal:

- Habla por ti. Di "creo", "siento", "pienso", "sé", "mi reacción es", en lugar de "se cree", "todos sentimos", "pensamos", "todo el mundo sabe", "la reacción de todos fue". Es mucho mejor para tomar la responsabilidad de lo que están diciendo en vez de atribuírsela a otros. Apenas sabes lo que piensas, mucho menos lo que piensan los demás.
- No juzgues. Si debes ser crítico, en especial en una discusión o una situación tensa, habla de tus propios sentimientos y reacciones (como en el punto 1).
- Reconoce los problemas de los demás. Quieren saber que los escuchaste. Sólo acepta sus problemas, no trates de resolverlos a menos que te lo pidan de forma explícita. No quieren tu consejo, ni oír de tus situaciones similares; sólo quieren saber que en verdad escuchaste su historia. ¡Es sobre ellos, no sobre ti!
- No preguntes ¿por qué...? Haz oraciones declarativas sobre tu posición. Preguntar a la gente por qué hace las cosas la pone a la defensiva.
- Escucha de verdad. Incluso si piensas que sabes lo que quieren decir o si ya lo has escuchado antes, no interrumpas ni te desconectes. No estés pensando

qué vas a responder. Ten la disposición de perder tu pensamiento, sin importar lo brillante que sea.
- Cuando estés contando una historia, deja claro cuál es el punto. Prepárate para que te malentiendan o malinterpreten. Si es algo muy, muy importante, asegúrate de que tu mensaje se entendió pidiendo que te lo repitan.
- Revisa que tu comunicación se escuchó como lo planeaste. Ve más allá de sólo entregar el mensaje. Debes tener la intención y atención para lograr que se escuche de la forma que deseas.
- Asegúrate de que entiendes lo que te están comunicando.

Ve más allá de sólo ser un buen escucha. Llega al punto donde conoces la intención, no sólo las palabras. Si tienes alguna duda, reformula la frase y repite de nuevo lo que la persona acaba de decir: "Entonces, lo que estoy escuchando es que...", o "suena como si te sintieras..." Intenta llegar a la esencia de lo que la persona te está pidiendo o sintiendo, y entonces compruébalo para asegurarte de que estás en lo correcto. Esto se conoce como "escucha activa", una frase acuñada por Thomas Gordon.[3] Tal vez al principio te sientas un poco raro (por lo general no reformulamos y repetimos lo que dicen los demás), pero es muy poderoso. Cuando la otra persona se siente comprendida, le das un gran regalo.

LAS CONVERSACIONES DIFÍCILES

Parte de trabajar bien en cualquier grupo es la habilidad de tener conversaciones difíciles. Es fácil evitarlas cuando llegan a lo profundo de tus sentimientos y problemas. De forma irónica, evadirlas por lo general empeora las cosas. Si las guías bien, estas conversaciones mejoran las situaciones y pueden cambiar por completo la atmósfera de manera positiva.

Descubrí que esto ocurre tanto en casa como en el trabajo. Si una persona toma la iniciativa, es normal que las demás la sigan. Es fácil. Todo lo que tienes que hacer es decir cómo te sientes, cuáles son tus preocupaciones y asegurarte de no atacar al otro.

Todavía recuerdo los sentimientos de emoción y cohesión positiva hace treinta años cuando, en una reunión de docentes, la División de Diseño le dijo al miembro más joven de nuestra facultad que queríamos que se fuera. Era claro que jamás terminaría su tesis de doctorado si seguía trabajando como profesor en Stanford.

Todos, incluyendo las personas que lo estábamos despidiendo, hablamos de forma abierta, franca y desde el corazón. Una y otra vez he notado que si una persona habla con sinceridad, otros lo siguen, y los sentimientos de comunidad y compromiso de un grupo aumentan de forma impresionante. Por otra parte, si la discusión se queda en un nivel superficial e impersonal, abundan los sentimientos de frustración y enemistad.

Los sociólogos hablan de conflictos *reales* e *irreales*. Un conflicto real es un desacuerdo orientado hacia un objetivo. Es decir, es sobre algo específico que las partes del conflicto deben resolver. Cuando surgen tales conflictos en relaciones funcionales, su resolución las guía hacia el progreso.

Un conflicto irreal, en esencia, es sobre algo fuera de lo que se está hablando. Su principal propósito, al menos para uno de los participantes, es crear tensión. No se trata de resolver un problema o de alcanzar un objetivo. Tales conflictos surgen cuando no hay una verdadera mutualidad en el grupo. Más bien, hay una *pseudomutualidad* donde la gente pretende que su relación con los demás es algo que no es.

Esto puede esconder una pobre autoimagen, un sentimiento de exclusión, envidia o celos. Sin importar la causa, las personas sufren molestias que construyen tensiones. Al provocar un conflicto irreal, buscan descargarlas de manera temporal. A menos que se haga algo en el origen de la tensión, tales conflictos sólo ponen un curita a la mala situación.

Las habilidades para una buena comunicación influyen en todos los aspectos de tu vida. Pueden significar la diferencia entre obtener un trabajo o no, hacer una conexión importante con alguien o no, sobrevivir a crisis políticas sin mucho daño en tu reputación y evitar convertirte en una persona no grata. Elegimos presidentes basándonos más en su estilo de comunicación que en cualquier otra cosa. Valoramos a las personas que se comunican de manera honesta y evitamos a las que no entienden las claves sociales que ofrecemos para que no nos acorralen o mantengan en el teléfono durante media hora. El mejor comunicador no es el que sabe las palabras más sofisticadas, es el que pone atención y hace que la otra persona sepa que la están escuchando.

HÁBITOS GRUPALES

7. Hábitos grupales

> *Conversación mientras mi amigo Harold maneja en Nueva York.*
> *Yo: Harold, ¿por qué no usas las luces direccionales?*
> *Harold: No me gusta que los extraños sepan lo que voy a hacer.*

Pertenecer a un grupo nos da una gran oportunidad de expresar nuestra humanidad. Muchos estamos afiliados a varios grupos: familia, amigos, profesionales, políticos, salud, escolares y demás. La forma en la que interactúas dentro de ellos puede cambiar cómo te sientes con respecto a cada situación y puede enriquecer (o arruinar) tu vida.

En este capítulo hablaremos sobre los cambios productivos que puedes hacer en tu equipo de trabajo, espacio físico, lenguaje corporal y comunicación, para que tus grupos funcionen mejor.

Trabajar en equipo

En mis puestos académicos y administrativos como director de la *d.school*, la mayor parte de mi día está llena de diferentes experiencias de grupos. Ahí todas las clases involucran el trabajo en equipo. La forma en que aplicamos la enseñanza en equipo es diferente a muchos otros cursos de Stanford: nuestro cuerpo docente siempre está completo en cada clase y dispuesto a participar. Aunque hay casos excepcionales, casi todas las otras entidades en Stanford manejan la enseñanza en equipo como una carrera de relevos: cada persona hace su trabajo, luego entrega la estafeta a la siguiente y abandona la carrera.

Creemos que si cada miembro del equipo participa, los estudiantes adquieren una experiencia más enriquecedora. Mi colega Jim Adams ama este tipo de enseñanza. Dice: "Me gusta enseñar en equipo porque así podemos retarnos entre nosotros y al mismo tiempo le damos a los estudiantes una mejor perspectiva de los profesores como seres humanos y de la naturaleza de su mundo". Por desgracia, la mayoría de mis compañeros no tienen el nivel de entendimiento de Jim respecto a las virtudes de retarse entre ellos. Aun así, es bueno que existan diferentes puntos de vista en el mismo salón.

Un ejemplo icónico de los beneficios de la enseñanza en equipo ocurrió cuando recibí una llamada de Bill, la noche de nuestra primera sesión. Éramos parte del grupo de profesores en la clase de "Diseño Transformativo". Estaba muy emocionado por trabajar con Bill porque era uno de mis amigos más cercanos, un diseñador de talla mundial que trabajó en la primera *laptop* y uno de los tres fundadores de la consultoría de diseño IDEO. La llamada telefónica fue así:

BILL: Me preguntaba si pensaste sobre nuestra clase de esta tarde.

YO: Creo que fue grandiosa. ¿Qué pensaste tú?

BILL: Sí, me gustó.

YO: ¡Bien!

BILL: Hazme un favor. La próxima vez mándame tus diapositivas de Power Point una noche antes de la clase.

YO: Ya sabes lo que voy a decir, ¿para qué las necesitas?

BILL: No es por el contenido, más bien quiero arreglar tus fuentes.

YO: ¿Estás bromeando?

BILL: No.

Dos noches después. Bill y Karin estaban cenando en mi casa. Les mostré las diapositivas a nuestras esposas, ambas son diseñadoras con una gran sensibilidad estética. Ellas concordaron conmigo y dijeron que mi tipo de letra no estaba mal. Pero sabía que Bill tenía razón. Pequé en múltiples formas. Señaló los defectos: tipografías diferentes, muchos tamaños distintos, no había consistencia en el estilo, y lo peor de todo, no usé el tipo de letra oficial de la *d.school*. En cuanto terminó, Karin nombró a Bill "el nazi de las fuentes". Todos nos reímos un buen rato.

La siguiente semana le conté la historia al grupo. Ese incidente me dio un mantra para el resto del curso: "Arregla tus fuentes o no te quitarás a Bill de encima". Al final todo fue divertido.

Pero, detrás de este incidente yace una lección importante. Soy ingeniero, estoy acostumbrado a preocuparme primero por el contenido; Bill es diseñador, una estética deficiente le resulta molesta. Si diera la clase solo, los estudiantes nunca se habrían expuesto a la sensibilidad estética que Bill lleva de forma tan natural. Compartir impresiones, sensibilidades y diferentes puntos de vista enriquece la experiencia educativa para todos; esto pasa cuando se reúnen profesores con diferentes formaciones en el mismo salón de clases.

Sobra decir que Bill preparó las siguientes presentaciones, impresos y publicaciones en línea para el grupo. Hizo todo con elegancia y estilo, y usó el tipo de letra oficial de la *d.school*. Nunca me recuperé por completo. Cada vez que veo fuentes, recuerdo a Bill con gusto. También lo maldigo por todo el tiempo y esfuerzo extra que requiere hacer mis presentaciones lo más cercanas a su mínimo nivel de aceptación.

Equipos de estudiantes

También necesitamos el trabajo en equipo de los estudiantes. La mayoría de nuestros cursos se basan en proyectos de grupos formados por alumnos de distintas disciplinas. Por lo general, no imponemos ninguna estructura en la forma que se organizan los alumnos.

De nuevo, esto es diferente a lo tradicional. Muchas otras unidades académicas imponen las estructuras de los equipos y asignan las diferentes responsabilidades entre los estudiantes. La creencia de asignar roles específicos a los miembros de un grupo me parece similar a lo que me pasó en el tercer año, cuando el profesor nos asignó una estructura pensando que eso nos prepararía mejor para el mundo real. De hecho, tuvo el efecto de terminar con nuestra iniciativa, disuadirnos de aprender las habilidades necesarias para ser responsables y flexibles para encontrar la estructura apropiada en cada situación.

Compartir un proyecto requiere un conjunto de habilidades diferentes a las necesarias cuando se trabaja solo.

Todo lo que se discutió en la sección "Conversaciones" del capítulo 6 se puede aplicar al trabajo en equipo.

Además, se suma la dinámica de múltiples jugadores. Por lo general, los alumnos se organizan en equipos de cuatro. Así, existe la posibilidad de que se dividan en varias formas para resolver los conflictos. A veces hay tres contra uno (¡o uno contra tres!). Otras veces hay dos pares, un par y dos solos, o, en el peor de los casos, cuatro solos. Llama la atención que la mayoría de los equipos trabajan bien y los problemas se resuelven de manera productiva. De hecho tenemos un psicólogo profesional en el personal (le decimos d.loquero) que promueve la idea de que una comunicación abierta lleva a un mejor desempeño de equipo.

Existen varias teorías sobre cómo componer equipos que encajen con distintos tipos de personalidad y habilidades.[1] Lo más importante de estudiar los variados tipos de personalidad es aceptar que existen diferencias básicas entre la gente. Las personas son distintas por tener otras especialidades académicas y diversas formas de aprender y hacer las cosas. Cada persona necesita saber que su modo no es el único correcto. Esto le funcionará tanto en el trabajo como en familia.

A esta altura del libro ya sabes cuánto me gustan los chistes, ¿verdad? Bueno...

> Durante un juicio en la corte, después de escuchar al demandante, el juez dice: "Tienes razón".
>
> El abogado defensor se altera y le dice al juez: "Pero su señoría, lo que realmente pasó fue que..."
>
> El juez le dice al abogado defensor: "Tienes razón".
>
> Al escuchar esto, un espectador en el juzgado dice: "Espere un minuto su señoría, no pueden tener razón los dos".
>
> El juez responde: "Tienes razón".

El punto es que muchas veces, argumentos que en apariencia son contradictorios, en realidad son correctos. La mayoría de las actividades en el mundo real no son juegos de suma cero. Se encuentran formas en las que todos, en especial el equipo, se mueven hacia adelante. Si se hace con respeto y cuidado, la controversia no es algo malo. Aunque es importante que no se vuelva personal o lastime la sensación de apoyo mutuo y entendimiento en el equipo.

También es fundamental que todos tengan la intención de hacer que las cosas funcionen. Las situaciones se arruinan cuando las personas tienen niveles de compromiso y objetivos diferentes para el equipo. Cuando algo no sale bien, es fácil que algunos miembros se deslinden de la responsabilidad. Es bueno saber la verdad y estar conscientes de que ésta, por sí sola, no nos indica ninguna acción específica. Como se señaló en el capítulo 1, tú le das el significado a todo. ¡Así que despierta y ayuda al equipo a hacer el trabajo!

Críticas constructivas

En nuestros talleres adoptamos un sistema para formular críticas que surge del taller de Sintética de George M. Prince.[2] La idea es dar a la crítica una función de apoyo que promueva la evolución positiva del trabajo de los alumnos, para eso empleamos dos oraciones *Me gusta* seguidas de una oración *Quisiera que*. Por ejemplo: "Me gusta la forma en la que abordas las preocupaciones de seguridad y me gusta cómo se ve". Después de una pausa, continúa: "Quisiera que encontráramos una forma de hacerlo más pequeño".

Lo primero que hay que notar es que en esta retroalimentación no hay un *pero* entre el *Me gusta* y el *Quisiera*. Están separados por una pequeña pausa y nada más. Lo segundo, es que el *Quisiera* se dice de una forma que anima el futuro refinamiento de una forma positiva. Así se exhorta a todos los que escuchan el comentario, y a quien lo enuncia, a trabajar en la búsqueda de una solución. La manera como no debe decirse es: "No va a funcionar, lo hiciste muy grande." Esto es una oración de bloqueo, mientras que la versión *quisiera* dice "Sí, y..."

Este sistema de crítica al trabajo de los estudiantes se empleó por muchos años en nuestro programa de diseño. Ahora es un elemento fijo en la *d.school*, se usa en la retroalimentación por y para los alumnos. Este tipo de evaluación, en teoría, la hace el equipo de profesores, así como los alumnos que quieran participar, después de cada clase. Por otro lado, cada semana se desarrollan sesiones que involucran a todo el grupo y al cuerpo docente. Basados en esto, se formulan los cambios para los grupos y cursos futuros.

La versión actual del sistema *Me gusta* y *quisiera* no limita el número de comentarios. A veces, un grupo hace todos los *me gusta* al principio, seguidos de todos los *quisiera*. Algunas personas que no siguen la idea original introdujeron una versión modificada de éste. Usan el *Me gusta* o *Quisiera* sólo para enunciar algo que les gustaría cambiar, sin sugerir ninguna ruta para mejorarlo. Al final agregan un tercer grupo de puntos expresados en la forma *¿Y si?* para solucionar el problema. Con esta nueva versión del ejercicio, obtenemos una retroalimentación así: "Me gustó que nos reuniéramos como grupo" o "Quisiera que pasáramos más tiempo en grupo". Después: "¿Y si nos reunimos después de la clase?"

En lo personal, me siento más cómodo con la versión *Me gusta* y *Quisiera* cuando se trata de formular críticas sobre el trabajo de los alumnos. Esta versión funciona bien cuando se sugieren áreas de oportunidad. Tiene un impacto positivo similar al de la pregunta "¿Cómo podríamos...? Ambas, "Quisiera que hubiera una forma de cumplir _____" y "¿Cómo podríamos cumplir _____?" son buenas tácticas para hacer que las personas se muevan hacia modos de pensar más proactivos para resolver problemas.

Sin importar cuál versión se use, este mecanismo de retroalimentación da buenos resultados. Es invaluable para la continua búsqueda del mejoramiento en la enseñanza de la *d.school*. A los estudiantes y al equipo de profesores les gusta y le agrega una sensación de comunidad al grupo. La misma herramienta puede ocuparse con provecho para la crítica constructiva en distintas situaciones y no se limita sólo al trabajo con alumnos o en la academia. Puede ser útil al aplicarla tanto en tu vida personal como profesional.

Una vez tuvimos un miembro en el equipo de docentes que nunca había enseñado en la *d.school* y estaba acostumbrado a la tradición académica formal. Al final de su primera clase, uno de los profesores le dijo que era nuestra costumbre hacer una sesión de *Me gusta/Quisiera* y él aceptó unirse. Pero, se retractó al darse cuenta de que la sesión también incluía a los alumnos. La idea de que los estudiantes le dijeran lo que no les gustó le parecía imprudente. Aun así, fue un buen tipo y lo soportó. Después de unas cuantas sesiones, se volvió un gran entusiasta, al grado que, si otro colega proponía omitir la reunión, él era el primero en insistir en que se llevara a cabo.

ESTILOS Y CULTURAS

El grupo de lectura de Ruth accedió a leer el primer manuscrito de este libro. Uno de sus miembros, Marcia, me mandó un email para agradecerme y decirme que le gustó lo que leyó. Pero los ejercicios "Es tu turno" la asustaron. Me sorprendió.

"¿Qué hay de la gente tímida?" Preguntó.

Eso me hizo tomar nota y recordar algo que había suprimido, quizá uno de mis peores errores como profesor.

Daba clases a un grupo universitario de diseño de dispositivos mecánicos. Aquel día estábamos viendo una serie de partes llamadas mecanismo de cuatro barras. Le asigné a los alumnos encontrar dispositivos mecánicos a su alrededor, tomar un turno frente al resto del grupo y presentar un análisis de los hallazgos que hicieron relacionados con lo que estábamos estudiando.

La presentación se llevó a cabo sin problemas hasta que una estudiante dio su explicación sin tomar en cuenta el vocabulario que usamos durante la clase. Señalé hacia el diagrama que proyectó, le mostré un mecanismo de cuatro barras en la cola de un avión y le pregunté cómo se llamaba. No respondió.

Me molesté y exclamé "Es la quinta semana de clases. Es inconcebible que no seas capaz de identificar un mecanismo de cuatro barras. Hablamos de eso dos veces por semana desde la primera clase. ¿Dónde estuviste?"

La chica no dijo nada. Se soltó en llanto y nunca volvió. Era de China y fue muy humillante que la hiciera quedar mal frente a todo el grupo. En cuanto me di cuenta de lo que hice, me sentí terrible. Semana tras semanas esperé que regresara. Hasta el día de hoy me arrepiento de no buscarla y ponerme en contacto con ella.

Dos años después, se presentó a un curso en el que estaba enseñando en conjunto con Sheri Sheppard, la clase estaba diseñada para apoyar a las estudiantes universitarias. Sheri en ese momento era la única mujer enseñando en el Departamento de Mecánica de Stanford. Usamos algunas de las técnicas presentadas en este libro y la clase pasó sin ningún incidente. Sin embargo, me di cuenta por primera vez de lo tímida que era esa chica. Entendí lo aterrador que debió ser presentarse frente a todo el grupo de diseño.

En la sesión de retroalimentación final, la estudiante me dijo: "Fue mucho más amable que en la última clase".

Me sentí más aliviado de la culpa que cargué por mi previa insensibilidad ante su timidez.

Tenemos varios estudiantes extranjeros en Stanford. Algunos vienen de culturas bastante agresivas y tienden a adaptarse. Otros vienen de lugares en los que se les enseña a ser receptores pasivos de conocimiento y considerar al cuerpo docente como inalcanzable, casi como una deidad. Para ellos y los norteamericanos tímidos por naturaleza, la cultura del Silicon Valley puede ser desafiante. Conductas como la autopromoción, el trabajo en equipo, acercarse a extraños, pedir apoyo, citarse con un instructor durante horas laborales o hablar frente a una clase, puede ser agobiante.

En la actualidad y en diferentes partes del mundo, existen dificultades similares con la gente que trabaja, estudia y vive en países que son ajenos a sus antepasados. Es importante poner atención cuando tienes a alguien de otra cultura, en especial cuando esa persona nació en tu país o habla la misma lengua. No supongas que por comunicarse en el mismo idioma está cómoda con tu cultura. Al interactuar con otros, es importante buscar los casos aparte y tomar en cuenta su incomodidad ante lo que para ti puede resultar natural.

Los casos aparte ocurren en ambos lados del espectro. Tuve un alumno doctoral de Shangai que era bastante extraño. En esos días, antes del auge de la economía, muchos de los estudiantes de la República Popular China recibían apoyos del gobierno y vivían con modestia, eran diligentes y usaban bicicleta o caminaban. Ahorraban lo que fuera posible para llevar algo de dinero a casa. Este joven no encajaba en el molde. Compró un auto a los pocos meses de su llegada. Después, dejó de presentarse a la reunión semanal. Cuando por fin apareció, no me impresionó su desempeño.

Le di algunas pequeñas reprimendas, pero su conducta siguió siendo irregular. Al final, me harté. Aunque fuera recomendado de un colega cercano de Shangai, era momento de terminar con la relación. Le dije que ya no quería seguir trabajando con él y que buscara otro asesor de tesis. Me quedé atónito cuando me respondió que era injusto que lo tratara de esa forma. Le pregunté qué sería lo más justo. Sugirió un sistema de puntos similar al del Departamento de Tránsito: cada ofensa tiene un valor y pierdes tu licencia si te excedes de lo establecido.

Era demasiado divertido para rechazarlo. Acepté. De manera sorprendente, después de hacer el trato se ajustó de inmediato y jamás se acercó a "perder su licencia". Terminó una buena tesis en tiempo razonable. Después de su graduación, encontró un empleo en la Costa Este, se casó, tuvo un hijo y no volvió a China.

Del otro lado de este espectro, me doy cuenta de que cuando viajo al extranjero, yo soy el diferente. Presentar el estilo interactivo de enseñanza de California implica un poco de valor. Una vez, estaba frente a un grupo de alumnos en una universidad regional cerca de Mumbai. Después de esforzarme para romper el hielo por cuarenta minutos, logré que los alumnos se abrieran y tuvimos una interacción agradable. El director entró y tras unos minutos de observación decidió que me "ayudaría". Anunció en voz alta: "Les pido que no interrumpan al profesor hasta el final de la clase".

¡Si las miradas pudieran matar!

Dentro de cualquier grupo es importante darse cuenta de que no todos piensan como tú, ya sea por diferencias culturales o por simples variedades de estilo. Es fundamental estar dispuesto a entender las preferencias de comunicación y aprender del otro.

¿Cuándo fue la última vez que...?

Con frecuencia recibo estudiantes que después de faltar a clase acuden conmigo para pedirme apuntes de lo visto. Mi estilo implica enseñar improvisando, así que en verdad no tengo apuntes que darles. En su lugar, les propongo una mejor alternativa. Les sugiero que copien las notas de algún otro compañero y que después vengan conmigo a discutir cualquier cosa que no les quede clara. A veces sucede que los estudiantes no conocen a nadie más en el grupo y no se sienten seguros de pedir apuntes prestados. Es como si fueran barcos que navegan en la oscuridad, pasando uno al lado del otro, apenas reconociéndose para evitar una colisión.

Mi urgencia por ayudarles a romper este velo de anonimato fue uno de los factores que me llevó a crear cursos donde los estudiantes interactúen unos con otros. En este sentido, creé un ejercicio que ha sido muy efectivo para conectar a las personas. Esta conexión ayuda a romper con el fenómeno de los barcos en la oscuridad de la gente que habita el mismo ambiente pero no se relaciona. Un viaje en avión es el clásico ejemplo de personas que pasan horas juntas, inclusive duermen una a lado de otra, sin comunicarse.

Una forma efectiva de romper el hielo en un grupo es dividirlos en pares, cada uno le dice al otro el tipo de persona que es, lo que ofrece una buena experiencia para hablar y escuchar. Después se les pide que cuenten a otras parejas lo que escucharon sobre su compañero. Es una estrategia para darnos cuenta de lo mal que escuchamos a los demás y lo poco que recordamos.

Después de las primeras presentaciones, una manera de conectar dentro de un grupo grande es formando círculos de seis a ocho personas y hacer que todos tomen turnos para completar la misma oración. Las oraciones que uso empiezan con "La última vez que..." Después de que todos completan su respuesta, cambio la frase. Esta vez empieza un estudiante diferente y cuando termina la ronda, una nueva persona inicia con la siguiente oración. Uso una experiencia humana distinta en cada vuelta. Así, terminan completando oraciones como:

- "La última vez que reí fue..."
- "La última vez que lloré fue..."
- "La última vez que tuve problemas para dormir fue..."
- "La última vez que hice una buena acción fue..."
- "La última vez que me enojé fue..."
- "La última vez que hice algo brillante fue..."
- "La última vez que hice algo tonto fue..."
- "La última vez que tuve una experiencia mística fue..."
- "La última vez que robé algo fue..."
- "La última vez que mentí fue..."
- "La última vez que pensé en el suicidio fue..."
- "La última vez que sentí amor fue..."

Descubrí que este ejercicio también funciona con grupos fuera de la universidad.

Es una estrategia muy efectiva en distintos niveles. Hace que las personas aprendan un poco más sobre ellas y encuentren conexiones con los demás. También sirve para que vean que compartimos experiencias comunes. Todos reímos, lloramos, tenemos insomnio, hacemos cosas de las que nos enorgullecemos, cosas de las que no, cosas de las que nos arrepentimos y de las que nos avergonzamos. Todo es parte de la experiencia humana.

Es común que escondamos información personal porque pensamos que los otros nos juzgarán o no nos entenderán; de hecho, estamos seguros de que no harían lo mismo que nosotros. En mi experiencia, los estudiantes de todo el mundo tienen vivencias emocionales similares (después de todo son humanos). El camino para crear confianza entre las personas que cuentan sus historias es largo. Acomodo el salón de modo que no escuche las historias que corresponden a las respuestas. Hago esto para hacerles ver que es una experiencia para compartir de alumno a alumno.

Siempre pasa: mientras más revelas de ti, mejor le caes a los demás. Es irónico que escondamos aspectos por miedo al rechazo. Ocultar es lo que lleva al rechazo.

Es tu turno

Aplica estas mismas ideas en una conversación privada. La próxima semana que hables de forma casual con alguien, dile qué tipo de persona crees que eres y pregúntale sobre él o ella. Después cuéntale cuándo fue la última vez que tuviste problemas para dormir y pregúntale cuándo le pasó. A partir de aquí, platícale de la última vez que moriste de risa, cometiste un error y demás. Nota cómo tu relación con esa persona se transforma a partir de los detalles que compartiste.

El juego de los nombres

Algunas personas se identifican en gran medida con su nombre, otras lo odian y muchas son más o menos neutrales al respecto. Cuando les pido a mis estudiantes que indiquen del 1 al 10 lo que sienten respecto a su nombre obtengo calificaciones en toda la escala.

Hago un ejercicio en el que pido a los alumnos que cierren los ojos y piensen en el nombre que los describe mejor, o si sienten que ya tienen el nombre correcto, elijan otro que les siente bien. Después les indico que den una vuelta en el salón, interactúen con los demás y digan lo que consideran que significa su nuevo nombre. Es una forma interesante de "ponerse en los zapatos" de alguien más por un momento.

Si no estás feliz con el nombre que te pusieron, es fácil hacer algo al respecto, ya sea legal o eligiendo un nombre fuera del que está en tus documentos oficiales.

Algunas personas cambian a propósito la pronunciación de sus nombres para ocultar o disfrazar sus orígenes étnicos, mientras que otros hacen tanto énfasis, que su pronunciación parece exagerada. Elegir un nombre menos étnico es lo más común en el mundo de los espectáculos… y en el laboral. Un hombre llamado José Zamora reportó que envió cientos de copias de su currículum sin obtener respuesta hasta que le quitó una letra a su primer nombre y se convirtió en Joe. Es muy injusto, pero algunos experimentos prueban que los candidatos con nombres latinos o que "suenan negros" (como Lakisha Washington o Jamal Jones) tienen menos invitaciones a entrevistas que los que "suenan blancos" (como Emily Walsh o Brenda Baker).

Las relaciones entre las personas y sus nombres son complicadas. Lo mejor es no suponer nada. Aunque hay algo seguro: si llamas a alguien por su nombre, llevas la relación a un nivel diferente. Muchas personas se equivocan cuando dicen que tienen mala memoria para recordar nombres. Siempre me he dado cuenta de que bajo de esa actitud derrotista, existe una falta de intención y atención.

A veces, los integrantes en algunos grupos se dan un tiempo y dicen su nombre en voz alta. Este método permite aprenderlos, aunque es más un pretexto que un acto de responsabilidad sobre la cuestión. Las etiquetas o gafetes son una herramienta común para evitar el problema (así es más fácil fingir que la gente sabe los nombres de los otros).

Si en realidad queremos que las personas se aprendan los nombres de los demás dentro de un grupo, hay varias formas de proceder. Una, es dividir en subgrupos de dos personas y comenzar desde ahí. El truco es tomar algo memorable de cada pareja. Una forma fácil es decir algo inusual que ambos compartan, esto sirve como "un gancho". Para recordar cualquier cosa que quieras (incluyendo nombres) detente, reflexiónala un momento y repítela. Así, cuando tu compañero y tú se unan a otra pareja, se presentarán y les dirán el gancho que compartieron entre ustedes. Pueden ir haciendo el grupo más grande y hacer que cada quien diga su nombre y el gancho que va con cada nombre.

Para grupos de treinta personas o menos, prefiero trabajar con todo el grupo. Les pido que se sienten en círculo y cada persona tiene un turno para decir su nombre. En la versión sin estrés, los estudiantes repiten al unísono el nombre que acaban de escuchar. En la versión estresante, dicen su nombre y el de todos los que le precedieron. En ambos casos, el ejercicio puede ser más divertido y los nombres más fáciles de recordar si se presentan con un gesto corporal, después los otros repiten el nombre y el gesto. Un movimiento es fácil de recordar y hace que el nombre también lo sea.

Sin importar lo que hagamos en el grupo, siempre me asigno la tarea de aprenderme los nombres de los estudiantes para usarlos en un segundo encuentro. Muchos profesores no lo hacen. Yo tampoco lo hacía. ¿Para qué molestarse? Ahora me doy cuenta de que no quería dedicarle esfuerzo a eso. Pensé que si no pasaba en automático era porque no tenía la habilidad. En realidad, no tiene nada que ver con una habilidad, más bien es un caso clásico de no dar la atención necesaria para llevar a cabo algo. Es un camino seguro para desarrollar un hábito poco exitoso.

Las personas con una memoria prodigiosa realizan toda clase de esfuerzos para prestar atención a lo que están memorizando. Saben que no puedes recordar algo sin darle una atención particular. Lo que nos diferencia a "nosotros" de "ellos" es la concentración, más que la estructura cerebral.

Por otro lado, puedes ayudar a los demás a recordar tu nombre si agregas un gancho memorable al presentarte. La gente con nombres extraños también apoya a los demás a deletrear sus nombres. Incluso los más simples se pueden confundir. Cuando digo mi apellido, algunos escuchan *Ross* en lugar de *Roth*. Por eso siempre lo deletreo a los desconocidos con los que hablo por teléfono.

Usar nombres transforma relaciones. Debí aprender esto del profesor de biología de mi esposa (se aprendía los nombres de todos sus alumnos antes de la primera clase). Ruth se enamoró de inmediato de él, igual que otras de sus compañeras. Hasta hoy, cincuenta y nueve años después, aún está enamorada.

Saber los nombres de los demás conecta con la gente en un nivel mucho más satisfactorio.

¿Quién está a cargo?

Cuando las personas trabajan en grupos, surge la cuestión del liderazgo. El problema de quién guía y cómo se lleva al grupo, puede ser discutido o no, formal o informal. Se escribe mucho sobre el liderazgo y sus estilos. Al crecer en los Estados Unidos, me convencieron de que cada organización necesita una estructura formal con un líder a la cabeza.

En tercer grado, lo primero que hicimos cuando el profesor formó el grupo, fue elegir un presidente, vicepresidente, secretario y tesorero. Era la manera en que mi maestro nos preparaba para ser buenos ciudadanos. Nadie pareció notar que aquella estructura no tenía ningún sentido funcional.

En sexto elegimos a un alcalde en nuestra escuela. Mi amigo Seymour resultó electo y como yo saqué las copias de sus carteles de campaña, me nombró comisionado de la policía. Supongo que fue un buen entrenamiento para el mundo real, porque recuerdo haber usado mi alto mando para encubrir mis crímenes (tales como impuntualidad y holgazanería). En retrospectiva, en vez de ser estrategias para volverme un buen ciudadano, esas dos experiencias fueron un lavado de cerebro para hacerme creer que necesitamos trabajar bajo una jerarquía.

Mi experiencia en Stanford (respecto al liderazgo y trabajar con grupos de colegas y estudiantes) ha sido notable y, en cierta forma, diferente. Al principio era parte del Departamento de Ingeniería Mecánica, que tenía unos veinticinco miembros agrupados en tres divisiones.

Era miembro de la División de Diseño. El decano eligió a los directores de cada división. Fue una solución sencilla porque así, sólo tenía que lidiar con tres profesores en lugar de veinticinco. La mayoría de los miembros del cuerpo docente estaban conformes con que alguien más hiciera el trabajo administrativo para así dedicar tiempo a sus investigaciones y enseñar. Pero empecé a notar defectos en la estructura organizacional como aprendí en la carrera.

El decano ejercía mucha influencia sobre los directores porque tenía mucho control sobre los puestos que les asignó. Además, si eran jóvenes, podía influir en sus futuras carreras (para bien o para mal). Cuando surgían problemas graves, sentía que los directores de las divisiones estaban en una posición donde sus intereses personales se oponían a los de los individuos que se suponía que representaban. Además, no siempre eran capaces de representar a otros miembros de su división. En la División de Diseño, la situación llegó a un punto crítico cuando el director de esa época pidió permiso para ausentarse por un tiempo e intentó poner a su reemplazo (en acuerdo con el decano del departamento) sin consultar al cuerpo de profesores de la división.

Era la década de 1970 y la gente estaba reconsiderando muchos aspectos sobre el orden social. Fue momento de descontento por parte de los estudiantes, protestas y cuestionamiento de la estructura social y sus valores.

En ese entonces la División de Diseño tenía ocho miembros en el cuerpo docente y decidimos de manera unánime reestructurar nuestro grupo para trabajar como una organización horizontal *sin* director. El decano del departamento puso varias objeciones a nuestra nueva estructura. Al refutar sus objeciones, me di cuenta lo poderosa que podría ser la nueva forma que creamos. Tuvimos una gran idea, la estructura progresó durante cuarenta años y la División de Diseño es ahora mucho más exitosa que en aquel entonces.[3]

Nuestra nueva estructura se basaba en una reunión semanal de una hora, abierta a todo el personal y cuerpo docente de la División de Diseño. La reunión no tenía moderador, sólo nos sentábamos alrededor de una mesa y pedíamos turnos para hablar de los asuntos que necesitaban una decisión, discutidos en alguna sesión anterior y anunciábamos los futuros eventos. Trabajábamos bajo consenso y negociación y casi nunca votábamos por nada. Por lo general, no había asperezas, las personas se trataban con respeto, como colegas y compartíamos un espíritu de determinación, propósito y compromiso.

Rara vez tuvimos reuniones entre nosotros antes de esta reorganización. Nadie, más que el decano, sabía lo que estaba ocurriendo y las personas se hacían poco responsables por el "bien común". Con el nuevo sistema, hubo una transformación importante, fue muy emocionante. Todos estábamos a cargo y queríamos que funcionara.

Cuando comenzamos, la mayor objeción del decano se basaba en la idea de que no habría ningún director que representara los intereses de la división en la junta, y que sería incontrolable. Resultó ser lo contrario. Teníamos la forma de organización más poderosa porque éramos un grupo grande de personas con una voz.

Para el decano o el rector era imposible sobornar a una persona. Ahora había ocho detrás de cada asunto. Si uno de nosotros tenía algún problema para conseguir un acenso, con su sueldo o cualquier otra cosa que requiriera apoyo, mandábamos a ocho personas, un subgrupo, para reunirse con el decano o el rector. Era un modelo nuevo y poderoso que se adaptaba a la tradicional forma de un director. De ser necesario, podíamos asignar a un "director por un día", aunque nunca lo hicimos en realidad.

Elegimos repartir los trabajos y rotarlos para ser eficientes y que fuera fácil para otros trabajar con nosotros. Uno era responsable de las finanzas, otro manejaba los horarios de los cursos, éste nos representaba en la reunión semanal con el decano y los directores de otras divisiones, aquél lidiaba con los problemas del personal... y el puesto más atemorizante de todos era tratar con la oficina y el espacio en los salones de clases. (Para compensarlo, a este puesto le pusimos el rimbombante título de "Zar Espacial".)

Rotábamos con regularidad todos estos trabajos y se creaban nuevos puestos dependiendo de las necesidades. Todos teníamos la misma voz. Los que se preocupan más por algún asunto tomaban el liderazgo y lo manejaban. Si a nadie le importaba, no hacíamos mucho al respecto hasta que alguien quisiera resolverlo.

El nuevo sistema estaba encaminado a crear una cultura única y fuerte. Es interesante que cada vez que se adhería un nuevo profesor, ya fuera por expansión o como remplazo de alguien que se retiraba o dejaba de trabajar por alguna otra razón, éste se adaptaba y se volvía un miembro contribuyente del grupo único. Con el paso de los años hemos hecho ligeras modificaciones a nuestras reuniones, ahora tenemos representación de estudiantes en cada reunión. También le agregamos una hora extra a nuestras discusiones filosóficas.

Desarrollé un gran respeto por el poder de la organización horizontal en virtud de mis cuarenta años de experiencia en la División de Diseño de alto rendimiento. Además de todo, me llevó a saber que el puesto de muchos ejecutivos de alto rango está sobrevalorado. Los ejecutivos tienden a obtener el crédito por todo lo que pasa bajo su supervisión. Eso significa que, por lo general, se llevan un crédito que no merecen y el sistema de organización jerárquico parece más efectivo de lo que es en realidad. Recuerdo el currículum de un director de la División de Diseño que se fue por un mejor puesto en otra universidad. En el apartado que enlistaba sus logros administrativos se encontraba que durante su mandato el presupuesto de la división se triplicó. Omitió mencionar que todo ese incremento se debió a las subvenciones que obtuvo el cuerpo docente gracias a sus investigaciones y que él no tuvo nada que ver en recaudar o gastar ese dinero. No lo culpo, yo habría hecho lo mismo.

También me di cuenta de que tener una persona a la cabeza de un grupo genera cuellos de botella. Si es un sistema jerárquico, los líderes necesitan estar disponibles, o las cosas tienen que esperar. Si el líder está equivocado, toda la empresa puede irse a la ruina. Existe un antiguo argumento para la idea de que una persona debe estar a cargo. Todo se remonta a las ideas de Adam Smith en *La riqueza de las naciones*. Incluso Friedrich Engels concordó con Smith en que "un barco necesita un capitán".

En definitiva, no soy ningún experto en barcos y odiaría discrepar con las luminarias tanto del capitalismo como del comunismo. Pero esto difiere con mi experiencia. El modelo de participación horizontal que desarrollamos funciona muy bien y se ajusta a mi personalidad. Me siento bendecido porque trabajé la mayor parte de mi carrera en Stanford. Puedo asegurarte que el modelo que desarrollamos funciona mejor que las alternativas tradicionales. Recomiendo a las personas en la academia, industria u otros campos que experimenten y encuentren un modelo apropiado para su situación. Si puedes romper con la esclavitud de la antigua sabiduría, podrás encontrar una estructura de gestión que apoye con fuerza lo que deseas lograr.

Minimizar la competencia

Tal vez no tengas alternativa en cuanto a la dirección del grupo. Cuando existen jerarquías de posición y escalas de salarios, es muy probable que te encuentres con personas que querrán pisotear a otros como si intentaran subir una escalera.

Los conocerás como los chismosos de la oficina, traicioneros, farsantes. Recomiendo que te mantengas alejado de estas prácticas. No diré que estas personas no llegan a altas posiciones, lo hacen con mucha frecuencia. Es importante que te preguntes qué tipo de satisfacción obtendrás si eres ese tipo de gente, aun si eso significa ganar el título que quieres. No pierdas de vista tu humanidad por conseguir un auto más lujoso.

Muchos negocios y organizaciones académicas usan la competencia para alentar a la gente a dar lo mejor de sí. Organizan concursos de ventas, diseño, empleados y demás, y enfrentan a las personas entre sí. Aunque nuestra cultura está acostumbrada a que el ganador se lleve todo y a otros juegos de suma cero, no soy muy fan de esto. Aunque es un fuerte aliciente para el ganador, también puede desanimar a todos los demás, disminuir la moral, fomentar los celos y lastimar relaciones.

Es importante aprender a estar motivado para dar lo mejor de ti, sin importar lo que pase a tu alrededor. Descubrí que los concursos sacan lo peor de los estudiantes, mientras que aprender a cooperar y compartir genera lo mejor.

Si los alumnos se exponen a un ambiente de aprendizaje en el que hay un equipo de enseñanza que fomenta el apoyo mutuo como modelo, y si se les da suficiente autonomía, ellos mismos generarán su propio sentido de entusiasmo y compromiso sin la derrota y el desaliento inherentes al concurso. Por lo general, se cree que las competencias son buenos motivadores. Estoy de acuerdo, pero no son los únicos. Con frecuencia logramos una alta motivación en los estudiantes, y reunimos una gran cantidad de espectadores y en las presentaciones que son resultado de la cooperación en vez de una competencia.[4] Los efectos positivos de la motivación son tan buenos como los de los concursos, sin el desaliento de éstos.

Busca formas de ser inclusivo más que competitivo, maneras de ayudar a que todo el equipo gane (y no sólo un individuo). Conviene que, en la medida de lo posible, quites de tu cabeza la idea de la competencia dentro del espacio de trabajo. La competencia lleva a la traición, al chisme, a la envidia y, en general, a las emociones negativas, aunque triunfes en lo que te propusiste. Tal vez consigas el aumento, pero vas a perder amistades y quizá después tengas la sensación de que debes cuidarte las espaldas.

Con frecuencia, las dinámicas de poder guían a la competencia. Cuando hay varios niveles o capas en una organización, es posible que tengas un jefe, un jefe del jefe y demás. Tal vez un compañero de trabajo tiene más influencia o gana más que tú.

Todo eso no tiene importancia. En la vida, en la vida real, nada de eso importa. Tienes que estar satisfecho sólo contigo y no preocuparte de lo que hacen los demás.

Una forma muy buena para deshacerte de las luchas por el poder es salir a caminar juntos. Por ejemplo, si tengo una reunión con un colega en mi oficina, yo tengo el poder; y viceversa (si la reunión es en su oficina, él tiene el poder). Pero si en vez de eso salimos a caminar, se termina la jerarquía.

Cuando puedas, elimina la situación en la que alguien se sienta detrás de un escritorio. El escritorio crea distancia y desequilibra el poder haciendo que la otra persona se sienta "menos". Reúnanse como iguales en lugares neutros.

REPENSAR UNA OFICINA PRIVADA

En la Escuela de Ingeniería en Stanford cada profesor tiene un cubículo cerrado conocido como "oficina privada". Tuve una relación muy normal con mi oficina por cuarenta años y estaba contento con la situación.

Mi oficina albergaba mi vasta colección de libros, tesis e impresos de trabajos técnicos. También tenía ahí todos mis trabajos académicos y estaba decorada con fotografías enmarcadas de un largo viaje a Chiapas, México. Además, había una colección de modelos mecánicos que usaba en mis clases, para divertir a los espectadores y para recordar viejas experiencias. Al involucrarme con la *d.school*, la relación con mi oficina cambió.

En la *d.school* no existen oficinas privadas, sólo espacios abiertos. Era como el espacio que compartía con otros profesores en el City College de Nueva York cuando tuve mi primer trabajo como profesor, y el espacio que compartía con otros alumnos del doctorado en la Universidad de Columbia. Está muy lejos de ser lo que un prestigioso y docto profesor esperaría. Aun así, me di cuenta de que cada vez pasaba más tiempo en la *d.school* que en mi oficina privada.

Este arreglo duró más o menos cuatro años. Después, dos eventos importantes pasaron en mi vida. Tras cuatro mudanzas, por fin la *d.school* se instaló en su hogar permanente. Demolieron el edificio en el que estaba la oficina de mi Grupo de Diseño del Departamento de Ingeniería Mecánica. Me asignaron una oficina privada más pequeña en un ala del mismo edificio que en la actualidad alberga a la *d.school*.

Doné mi colección de libros y documentos de investigación a la librería especializada de la Universidad de California-Davis y llevé el resto de mis posesiones a mi nueva oficina privada. Es muy raro que vaya ahí. Más bien se la presto a personas que tengan alguna necesidad crítica de espacio y paso la mayor parte del tiempo en la *d.school*.

En la *d.school* ni siquiera hay divisiones entre los espacios de las personas: un equipo de más de veinte comparten una misma área sin obstrucciones, amueblada con algunos escritorios, archivos portátiles y computadoras de escritorio. No hay ninguna jerarquía que determine dónde se sienta alguien y hay un cambio espontáneo de la base de operaciones.

Cuando nos mudamos a la *d.school* permanente, contratamos a una mujer llamada Kim para que fuera nuestra jefa de finanzas. Había trabajado mucho tiempo en la oficina del decano y estaba muy familiarizada con el sistema de finanzas de Stanford. Después de dos semanas me dijo que era complicado hacer su trabajo en el espacio abierto de la *d.school*. De inmediato le respondí que podía arreglar su problema. Conseguimos una nueva computadora de escritorio y la colocamos en mi oficina privada. Le di la llave y le aseguré que ella sería la única persona en usar esa oficina.

Después de diez días me di cuenta de que Kim volvió a su lugar de trabajo en el espacio abierto de la oficina comunal. Nunca más regresó a la oficina privada. Cuando tuvo la experiencia de la camaradería, no pudo volver a la vieja reclusión de una oficina privada, era muy desolador para ella. Sabía cómo se sentía. Más tarde sacamos la computadora de la oficina y la movimos al espacio común. (Me pregunto si la computadora también sintió una especie de alivio.)

Antes de mudarme al piso abierto, pasé mi vida profesional entera en oficinas privadas. Sólo ahora me doy cuenta de lo bien equipada que está la *d.school* para relaciones individuales y de grupo. También hace maravillas en cuanto al flujo de información y comunicación. Cuando llego al trabajo se siente como si llegara a casa con mi familia.

Todos, por supuesto, tenemos momentos en los que necesitamos pensar o trabajar sin interrupciones. Cuando eso pasa, tenemos una señal muy simple: nos ponemos audífonos y los demás saben que no deben molestarnos. También podemos salir de ese espacio para ir a una oficina privada si necesitamos tranquilidad.

Si tienes injerencia en cuanto a tu espacio de trabajo, intenta abrirlo para que tenga una estructura no jerárquica. Date un tiempo para acostumbrarte a él y observa si trabajas mejor en un ambiente colaborativo.

ESPACIO Y LENGUAJE CORPORAL

La posición física es muy importante. A menos que esté en una clase magistral, mi disposición favorita para una sesión es hacer que todos se sienten en un círculo. Es más, insisto en que el círculo sea tan pequeño y redondo como sea posible. Mientras más cerca estén unos de otros, mejor trabaja el grupo. Hice varios experimentos con todo tipo de grupos, y los resultados se inclinan siempre a favor de los círculos cerrados. Esto va de la mano con el concepto de la colaboración radical del pensamiento de diseño: un círculo significa que no hay jerarquía de dónde se sienta cada quien. No hay "buenos asientos", "malos asientos" o nociones preconcebidas sobre el tipo de persona que se sienta en la primera fila (lambiscones) o en la última (payasos de la clase u holgazanes). Esto significa que todos nos vemos a la cara, estimulamos el contacto visual y la conexión entre las personas.

Cambiar el diámetro del círculo cambia la sensación en el grupo de una forma tangible. Si queremos que todos participen, nadie puede quedar fuera de forma física, todos tienen que estar al mismo nivel. Si alguien se sienta un poco más atrás de la circunferencia quedará fuera emocional y físicamente. Y los que están dentro del círculo, excluyen a los otros al bloquear la vista de sus otros compañeros.

Si te encuentras en la periferia de un grupo y notas que te sientes excluido, intenta moverte hacia la atención central, te sentirás más involucrado en lo que está pasando. Cambia tu lugar y transformarás la sensación que tienes del evento en el que te encuentras. Cuando tengas problemas para comprometerte o trabajar en un objetivo, revisa si tu localización está apoyando o mermando tus esfuerzos. Es difícil que te noten en el trabajo si siempre estás sentado junto a la salida, y es más probable que pongas más esfuerzo en tu clase de gimnasia si estás en la fila frente al instructor.

A menudo me encuentro en situaciones en las que los alumnos que trabajan en un mismo proyecto se sientan en grupos de cuatro alrededor de una pequeña mesa. Si uno de los estudiantes no parece estar participando mucho y su silla está más lejos de la mesa que las de sus compañeros, con gentileza la empujo de modo que se integre al grupo. Es usual que ese cambio dé como resultado una mejor participación del que está afuera. Presta atención a lo que te dice tu cuerpo. Si te gusta lo que dice, sigue así. Si no, muévete a una posición que te guste.

Las reuniones largas son un ejemplo clásico de la importancia de la posición física. Por lo general se llevan a cabo en salas de conferencia en donde hay una gran mesa rectangular y todos se sientan alrededor. Si la mesa es larga, se dificulta ver a las personas a tu lado. Cuando la gente no se ve, la efectividad de su comunicación disminuye. Si una persona dirige la reunión o se considera más importante que los otros, hay una autoridad implícita en la cercanía a esa persona.

Si quieres mejorar el poder de tu voz en la reunión, siéntate lo más cerca posible de la figura de autoridad y del lado opuesto al de las personas a las que quieras influenciar. Si quieres esconderte, siéntate en el mismo lado de la mesa y lo más lejos de las personas de las que quieres ocultarte. Incluso es más fácil desaparecer si el cuarto está tan lleno que puedes tomar un asiento fuera de la mesa. Si no tienes nadie de quien esconderte y quieres tener una participación real en la reunión, es más fácil organizarla en una mesa redonda en la que todos puedan ver y ser vistos por los demás participantes. Tu posición física en las reuniones influencia tanto tu eficiencia como tu estado de ánimo.

Trabajar en un ambiente físico de apoyo es una gran ventaja, como lo saben bien los estudiantes de la *d.school* en Stanford. El libro sobre la escuela *Make a Space* de Doorley y Witthoft, habla de algunos de los factores clave para proveer un espacio que promueva el aprendizaje creativo en situaciones donde se aprende al hacer.

Es interesante observar las actitudes que hay con respecto al tipo de espacio de la *d.school*. La gente que lo ve por primera vez, piensa de inmediato que es un espacio creativo. Incluso los estudiantes. Es como si el espacio les hablara y dijera: "Hey, aquí las expectativas son diferentes a las del resto de la universidad".

Cuando estábamos diseñando el espacio, a menudo había discusiones entre el equipo de la *d.school* y la gente que gestiona las remodelaciones en la universidad. Recuerdo que varias veces me dijeron "Tal vez funcione para ustedes, pero ¿quién va a querer usarlo si dejan el edificio?" Resulta que casi todo el mundo quiere.

Controla tu entorno

La cuestión de la posición espacial y el lenguaje corporal no se toma en cuenta en la educación. Casi toda la formación universitaria está orientada al intelecto y al profesor. La mayor preocupación parece ser si el alumno puede escuchar o ver al maestro. Poco importa la comunicación entre estudiantes, la idea de que su posición espacial pueda afectar su desempeño no tiene mucho reconocimiento.

Un simple experimento demuestra la importancia de la posición del cuerpo. En cualquier grupo, toma un momento de silencio y concientiza tu estado emocional. Después cambia tu posición dentro del grupo, tómate un momento de silencio y percibe de nuevo tu estado emocional.

Este ejercicio puede hacerse en un grupo de cualquier tamaño y participando todos al mismo tiempo. Es sorprendente la diferencia que hacen los cambios pequeños.

Es tu turno

La próxima vez que estés en una junta que no funciona, haz que el grupo acomode sus sillas en círculo y ve lo que pasa. Pedirle a cada persona que diga algo (lo que sea, siempre y cuando sean pocas palabras o una oración corta) es una excelente forma de comenzar una junta. También es una gran forma de terminarla. Funciona mejor si las personas se sientan en un círculo pequeño.

Una de las experiencias más profundas que tuve sobre la posición del cuerpo ocurrió cuando daba mi curso de "Introducción a la robótica" en un auditorio en el que se podrían sentar cuatrocientas personas. Alrededor de noventa estudiantes se sentaron por todo el auditorio (la mayoría en las últimas filas). Durante las primeras semanas les pedí en repetidas ocasiones que se sentaran más cerca, nunca lo hicieron.

El grupo se reunió ahí tres veces por semana en clases de cincuenta y cinco minutos y me di cuenta de que al final de la clase siempre terminaba exhausto. Aunque usara micrófono, sentía como si me drenaran, en un intento por alcanzar a la masa de alumnos desperdigada. Así que conseguí un rollo de esa cinta amarilla que advierte con letras grandes: CUIDADO. Entré al auditorio media hora antes y acordoné la mitad del salón. Cuando los alumnos llegaron, se cambiaron de forma natural a la parte del frente y se vieron orillados a sentarse en las primeras filas. ¿Quién querría sentarse cerca de un espacio acordonado y sus peligros secretos?

Terminé la clase con más energía que cuando empecé. En lugar de que los alumnos me drenaran, me energizó esa masa de gente con la que ahora podía interactuar más fácil. Estaban ahí, conmigo, podía darles y recibir al mismo tiempo. Repetí lo de la cinta por dos semanas. Después, los alumnos se acostumbraron a sus nuevos asientos.

Fue hace mucho tiempo, siempre recordaré esa clase y a esos alumnos con un gusto especial. Aún estoy muy contento y satisfecho conmigo por controlar la situación y no sólo aceptarla y sufrir diez semanas aquella experiencia.

La lección es tomar control sobre tu entorno. Si diriges una reunión o si tu objetivo es hacer una presentación más exitosa, piensa un poco en las posiciones de todos. Si estás en una junta o en una clase, si te sientes aburrido o excluido, muévete hacia adelante. Si te sientes intimidado, vete atrás. Si la persona a tu lado te distrae, o no puedes escuchar o ver, cámbiate. Sé consciente sobre cómo te sientes y experimenta mudándote a diferentes locaciones. El lugar en donde está nuestro cuerpo importa. Matiza nuestra experiencia mucho más de lo que pensamos.

Conexión mente-cuerpo

Mi esposa, dos amigos cercanos y yo estábamos en un pequeño avión de motor durante un largo y lento vuelo sobre el Valle Imperial en California. Jugábamos cartas para entretenernos. El piloto encendió el piloto automático y volteó su asiento para poder jugar con nosotros. El juego duró unos cuarenta minutos y de repente se escuchó un click seguido de un silencio aterrador. El motor se detuvo. En un instante el piloto giró su asiento mientras las cartas volaban por el aire. Accionó el interruptor de la gasolina y el motor se echó a andar de inmediato. Actuó por reflejo, sin ningún análisis. Entrenado para que su cuerpo reaccionara, no necesitó una pausa para pensar. Fue impresionante y nos alegramos de tenerlo como piloto (aunque ya no seguimos con el juego de cartas por el resto del viaje).

Hay actividades de movimiento que se conectan en directo con el cuerpo para estimular el aprendizaje y la creatividad. En la División de Diseño enseñamos estas actividades desde hace mucho tiempo. En un principio se les consideraba algo "New Age". Recuerdo a un profesor desafortunado que se metió en muchos problemas por romperse un tobillo haciendo un ejercicio de calentamiento. La oficina del presidente no podía entender bajo qué justificación una clase de diseño en ingeniería se convirtió en un gimnasio para mujeres en el que se hacían calentamientos. Por fortuna, esos tiempos quedaron atrás.

Bailar y cualquier tipo de movimiento del cuerpo son actividades valiosas para trabajar y aprender en grupos. Es probable que hayas estado en algún evento en el que un ponente le pide a la audiencia que se ponga de pie y se estire. Un sólo momento para estirarte puede marcar una gran diferencia en tu habilidad para participar de forma adecuada y pensar con creatividad.

El cuerpo humano necesita moverse. Le gusta y ama moverse al ritmo de la música. Cuando incorporamos el movimiento a nuestras clases y talleres, la respuesta es positiva, incluso de los participantes que tienen alguna limitación física.

En el taller intensivo de una semana "Introducción al pensamiento de diseño" que hacíamos en la *d.school* cada verano, programábamos dos sesiones de media hora de movimiento al día, dirigida por un profesor de baile profesional, uno en la mañana y uno en la tarde. La sesión no requería ningún entrenamiento especial, sólo la habilidad de seguir la corriente y unirse al pandemonio de cuarenta cuerpos bailando con música a todo volumen. El nivel de energía crecía después de cada sesión y todos estaban listos para conquistar lo que se les presentara. El efecto de las sesiones de movimiento era visible durante todo el día. Había un gran contraste con los talleres en los que la gente sólo se sienta y habla.

En mi experiencia, cualquier persona se adapta con facilidad a las actividades físicas como parte de su aprendizaje y proceso de trabajo. Incluso las que al principio se resisten a participar superan rápido el titubeo y se unen a la diversión. Pero, el gran secreto es que esto es más que diversión. De hecho, es una forma maravillosa de darle a tu cuerpo lo que necesita: una conexión mente-cuerpo. Cuando sea posible, incluye más actividades de movimiento en tu agenda.

Ver con el cuerpo

Ruth usa todos sus sentidos para aprender sobre su entorno. Siempre está tocando, probando, oliendo, observando y escuchando cosas. Como un niño, se mete en problemas cuando toca cosas que no debería. Nunca olvidaré la vez que, de todas direcciones, llegaron corriendo hacia nosotros ocho guardias de seguridad en el Rijksmuesum en Ámsterdam. Ruth activó la alarma cuando intentó "ver" con la mano un cuadro de Rembrandt.

En contraste, mi forma de aprender es cerebral. Para mí es suficiente tratar el concepto. No necesito tocar nada para saber lo que es. Puedo imaginar objetos en mi cabeza. Ruth no puede visualizar, tiene que tocar y ver la cosa real. Cuando discutimos una nueva disposición para los muebles, yo puedo visualizar los cambios, ella no. Necesitamos mover los muebles para que observe el concepto y después de experimentar todas las posibles configuraciones, es mucho mejor que yo para ver qué funciona mejor.

Cuando hicimos la remodelación de una casa, pusimos hasta el último detalle en los planos para conseguir los permisos de construcción. Los planos eran un apoyo de reserva. El diseño real ocurrió durante la construcción, cuando Ruth y los trabajadores pusieron en marcha varias ideas. ¡El contratista lo amó!

Ruth es una artista, una artesana y una reparadora nata. Tiene un talento fantástico para hacer y arreglar cosas, y siempre usa sus sentidos físicos para aprender. En verdad aprende haciendo. Tenemos algunos alumnos en Stanford con capacidades similares, que por desgracia son las excepciones. El sistema de admisión da preferencia a otro tipo de aprendizaje. Por fortuna, la cultura del hacer ha crecido en popularidad y cada año más estudiantes se exponen a una estrategia balanceada en la que aprenden con su cuerpo entero y no sólo con la cabeza. Esto se ajusta bien al método de idear del pensamiento de diseño; una forma de abrirte a nuevas posibilidades es permitir que tu cerebro experimente la resolución de problemas de maneras que por lo general no usarías.

Caminatas a ciegas

Interrumpir el uso normal de tus sentidos es una buena técnica para concientizar las capacidades de tu cuerpo para ver y aprender. Una caminata a ciegas es un ejercicio fácil, disfrutable e informativo.

La caminata a ciegas puede ser de varias formas. La que uso con más frecuencia es la de los dos compañeros. La regla principal es que no pueden hablar entre ellos durante el ejercicio. Uno se queda "ciego", cierra los ojos o usa una venda, por un periodo de treinta minutos o más. Después de ese tiempo los compañeros cambian de papel sin hablar y la otra persona se queda "ciega" por la misma cantidad de tiempo. Después los dos abren los ojos y pueden hablar. Como es una actividad de grupo, también se reúnen con el resto de los compañeros.

La idea es que la "persona vidente" actúe como guía de la ciega. Por lo general, el trabajo del vidente es facilitar una exploración que estimule los sentidos del ciego. Esto ayuda a que la persona explore su entorno de una forma nueva, usando los sentidos del tacto, oído, gusto y olfato. Cuando estén en un lugar interesante, es importante que el guía le dé mucha libertad a la persona ciega y al mismo tiempo mantenga la responsabilidad de su seguridad, estando atenta a sus deseos y sensaciones. Por ejemplo, ¿prefiere estar seguro y moverse con cuidado o preferiría correr y trepar árboles mientras no ve?

La mayor parte del tiempo el guía no debe llevar al ciego de la mano. Más bien, se hace usando el sentido del oído. Es fácil para la persona ciega seguir el sonido de los pasos del guía, chasquidos de los dedos o golpeteos con objetos.

Este ejercicio promueve la atención de los sentidos y abre una nueva forma de ver el mundo. Una vez pasé un fin de semana con los ojos cerrados. Mi guía y yo fuimos a restaurantes y supermercados, jugamos pelota, anduvimos en auto y avión, incluso en bicicleta. Mis percepciones se profundizaron mucho más que cuando hice el ejercicio durante un periodo más corto de tiempo.

La próxima vez que te sientas estático, haz una caminata a ciegas o cambia tus estímulos sensoriales de otra manera. Existe la posibilidad de que consigas eso que persigues, y si no, de todos modos aprenderás a "ver" el mundo de manera diferente al usar tu cuerpo en una nueva forma, y tendrás nuevas sensaciones y experiencias de percepción mucho más ricas.

Improvisación

La improvisación, o *impro*, es un arte asociado en principio con el teatro. En años recientes, en Stanford, se esparció desde su hogar en el Departamento de Drama a muchas partes de la universidad. La impro involucra el cuerpo y mejora la espontaneidad, observación, comunicación y otras habilidades vitales. Además, muchos de sus ejercicios de calentamiento son similares a las habilidades para resolver problemas, y como tal, una excelente herramienta de enseñanza. Uno de mis favoritos se llama "Palabra lanzada".

Antes de hacer el ejercicio por primera vez, es bueno presentárselo al grupo sin que los participantes usen palabras. Primero, sólo practiquen lanzar una pelota imaginaria. Un grupo de seis a doce personas forma un círculo y un jugador empieza a aventar una pelota imaginaria a otro. El que la recibe la lanza de inmediato, y así sucesivamente.

El objetivo es que la pelota imaginaria no deje de moverse. El aprendizaje empieza en este momento. Algunos no prestan atención, así que nunca reciben la pelota o se equivocan si se las mandan. Otros se lo toman a juego, puede ser divertido, pero sólo detienen la acción y desaceleran la pelota. Este calentamiento es una gran introducción para varias actividades grupales (como lluvia de ideas, reuniones y conversaciones).

Cuando el grupo mantiene el ritmo lanzando la pelota, es momento de introducir una palabra. Ahora, además de lanzar la pelota imaginaria, el jugador dice una palabra como si le lanzara la pelota a otro jugador. El receptor repite la palabra que atrapó y sin pensar, manda de inmediato otra palabra. El objetivo del juego es mantener las palabras (y la pelota) en movimiento entre los jugadores lo más rápido posible.

Los jugadores tienen que aprender a confiar en su espontaneidad y permanecer enfocados en el juego, lo cual pone a prueba qué tan bien mantienen su atención en su intención de recibir y lanzar palabras. Ahora, a los obstáculos mencionados en la práctica sin palabras, se les suma la dificultad de la falta de espontaneidad de las personas para generar una palabra. Mucha gente no confía en su habilidad para responder en tiempo real.

Si te quedas en tu cabeza en lugar del juego, en realidad no participarás en actividades grupales (no sólo en "palabra lanzada", tampoco en lluvia de ideas, reuniones y conversaciones).

Hay muchas variaciones para este juego. Por ejemplo: sonidos lanzados (en el que lanzas y recibes sonidos), temas lanzados (en el que lanzas y recibes palabras relacionadas con algún tema en específico, como el clima), conceptos lanzados (en el que lanzas y recibes conceptos cortos relacionados con cierto tema, por ejemplo, si el tema es el agua, pueden decir "conservación", "evaporación" y demás). Las variaciones son infinitas. Creo que, en todos los casos, el mejor aprendizaje viene de usar las reglas básicas: mantén la pelota en movimiento, permanece en el juego, sé espontáneo (no pienses antes) y participa con el equipo.

También es común, cuando el grupo calentó y lo hizo bien, introducir una segunda o tercera pelota, así que hay múltiples lanzadores y receptores al mismo tiempo. Aunque lo considero menos atractivo, también existe la posibilidad de usar una pelota de verdad u otro objeto como una toalla anudada.

La práctica de la impro tiene una serie de mandamientos, los dos más importantes para nuestro propósito son: "Sí, y..." y "No bloquear". ¡Inténtalo!

Es tu turno

Dos personas hacen equipo, uno inicia con una acción sugerida. El otro debe responder "Sí, y...", aceptar la sugerencia original y construir a partir de ella una historia continuada. La primera persona hace otra sugerencia y siguen construyendo. El resultado es un movimiento progresivo de ideas y una divertida sensación de colaboración.

> Por ejemplo:
> Primera persona: Hagamos una fiesta mañana.
> Segunda persona: Sí, e invitemos a algunas personas.
> Primera persona: Hay que poner música.
> Segunda persona: Sí, y bailemos.

Bloquear es otro término usado en la impro. Cuando estás bloqueando, detienes el flujo de la acción del movimiento creativo. El compañero dice no a cada sugerencia, da una razón por la que no sería una buena idea o inventa algo que no tiene nada que ver con la propuesta original. El resultado es la generación de un bloqueo que no permite seguir adelante.

Esto desalienta, genera la sensación de oposición en vez de colaboración.

Por ejemplo:
Primera persona: Hagamos una fiesta mañana.
Segunda persona: No, odio las fiestas.
Primera persona: Hay que poner música.
Segunda persona: No, tampoco me gusta la música.

La aplicación de estas reglas a todo tipo de soluciones de problemas e interacciones humanas es obvia. El reconocimiento de la amplia utilidad de los conceptos de la improvisación la ha llevado a muchas áreas más allá de su origen en el teatro. Vale la pena incorporar las ideas de la impro a tu vida personal y profesional.

Exhibicionismo

Seguro sabes qué es el exhibicionismo: cuando alguien corre desnudo en público para llamar la atención de los demás. ¿Qué tiene que ver con el tema de este capítulo? Bueno, para mí está muy relacionado. Si no, ¿por qué otra razón lo pondría?

Uso la palabra exhibicionismo, no con la idea de la desnudez, sino como un método inusual de trastornar y cargar el nivel de energía con el que trabaja un grupo.

En 1970 llevaba treinta minutos de una clase tediosa sobre vibraciones mecánicas para un grupo de último año que ya estaba muy aburrido. De repente, la puerta se abrió, entró un hombre desnudo, dio una vuelta corriendo al salón y salió sin decir palabra.

El nivel de energía en el cuarto fue de un -10 a +80 (no me preguntes qué unidades son estos números o cómo los medí, sólo los llamaré Escala de Bernie). Me sorprendió que cuando todos nos recuperamos y continué con la sesión, parecía una clase diferente. Mi discurso tenía más energía y la atención de los estudiantes aumentó de manera significativa. Mejor aún, el cambio permaneció. Sólo quedaban cuatro semanas para terminar el curso y fueron mucho mejores que las primeras seis. El exhibicionista cambió mi clase para bien.

Después de esta experiencia, entendí el efecto benéfico que tienen las interrupciones casuales en las clases. Mientras más extraño sea el evento, mejor. Les llamo "exhibiciones" en honor a la primera vez que me pasó con un exhibicionista de verdad. A mucha gente no le gustan las interrupciones en sus clases o talleres. Yo aprendí a darles la bienvenida y valorarlas como regalos fortuitos.

Si noto que el nivel de energía de un grupo es bajo, puedo mandar a una pausa en cualquier momento. De hecho, no es raro que les pida a mis estudiantes que se pongan de pie y se estiren o se tomen un pequeño descanso. Y por más útiles que sean estas actividades, no elevan el nivel de energía tanto como cuando una interrupción te bendice con un exhibicionista.

Por desgracia, los exhibicionistas son muy raros, a menos que seas tramposo y contrates uno para ti. Así que lo más que he estado dispuesto a hacer es usar el *concepto* de exhibicionismo para darme el permiso de ser honesto sobre lo que está pasando en el salón.

Ya no ignoro ni intento esconder la verdad: si siento que estoy siendo aburrido, dejo de hablar. Si el nivel de energía está bajo, se lo digo al grupo y hago algo al respecto. Para mí, el regalo del exhibicionismo trajo la disposición a responsabilizarme por el nivel de energía y atención cuando estoy con la gente (no importa si es una clase, una reunión o un grupo).

Trabajar bien en equipo exige que seas flexible y tolerante. Cambiar los entornos físicos y hacer ejercicios grupales ayudan al equipo a cohesionarse y ser más efectivo al momento de resolver problemas. Incluso si tu grupo sólo es de "negocios", dejar espacio para un juego puede mejorar el entorno de trabajo y aumentar la productividad.

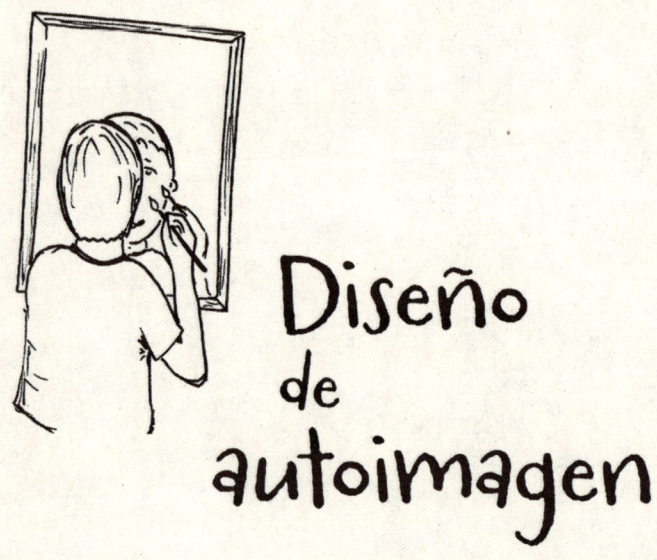

Diseño de autoimagen

8. Diseño de autoimagen

Siempre en lo correcto, a veces equivocado.
ANÓNIMO

La *d.school* de Stanford se volvió famosa por sus metodologías orientadas al uso de enfoques colaborativos para inspirar las innovaciones centradas en el ser humano. Siempre preguntamos: ¿Quiénes son las personas para las que estamos resolviendo los problemas? ¿Qué quieren? Y ¿qué necesitan? Las interacciones centradas en el ser humano (es decir, primero es la gente) son la base de nuestro trabajo porque descubrimos lo siguiente: triunfar y cumplir casi cualquier sueño depende de nuestra habilidad para infundir empatía en el proyecto. Muchas veces pensamos o hablamos de la empatía en términos de llegar a conocer a extraños o grupos ajenos a nosotros para entenderlos mejor y así ayudarles con sus necesidades. También podemos voltear la empatía hacia nosotros y usarla para entender mejor a nuestros amigos, a nuestra familia, a la gente con la que trabajamos y a nosotros.

Lo que puedes lograr en la vida, los triunfos y éxitos, están muy relacionados con tu autoimagen. Si se te ves como una persona que se arriesga y pone manos a la obra, es más probable que tomes riesgos y actúes. Si te ves como una persona cautelosa y miedosa, tal vez tu camino para lograr tus objetivos sea más largo y difícil. Quizá no sabes cómo definirte, así que investiguemos de dónde viene tu autoimagen y si se ajusta adonde quieres estar.

Examina tus modelos a seguir

Cuando somos jóvenes, aprendemos de los que nos rodean. Desde luego, nuestros padres y hermanos tienen una fuerte influencia en lo que nos convertimos cuando empezamos a madurar. Podemos tener suerte y comenzar la vida en un entorno cálido y alentador. Tal vez somos menos afortunados e iniciamos en un entorno duro y amenazante. Ya sea que crezcamos sintiéndonos amados y aceptados (o juzgados y rechazados) por nuestra familia, es casi imposible escapar a esas huellas. Podemos resultar muy parecidos (o muy diferentes) a los miembros de nuestra familia, de todos modos, nos influyen de muchas maneras sutiles. Por lo regular, son las primeras personas que nos enseñan qué y cómo debemos triunfar en la vida.

Cuando el menor de mis hijos tenía cinco años, un doctor le preguntó si prefería un antibiótico en forma de pastilla o inyección. Su respuesta fue: "Lo que sea más barato". Era claro que había adquirido esa actitud hacia el dinero de sus padres. Ahora, a sus cincuenta y cinco, sigue actuando igual.

Creo que soy muy diferente a mi padre, y Ruth cree que es muy diferente a su madre. Aun así, lo más hiriente que puede decirme es: "Eres como tu padre". Claro que le puedo devolver una molestia equivalente si le digo que es como su madre.

La verdad es que ambos tenemos algo de nuestros padres en nosotros, nos guste o no. Negamos tener los rasgos que no nos gustan, aún si es obvio que los compartimos. Por otro lado, estamos más dispuestos a aceptar como herencia las cosas que nos agradan, incluso cuando hay muy poca evidencia de que en realidad las compartimos.

Es tu turno

Examina los puntos de vista de tu familia y cómo han afectado tu vida adulta.

- ¿Qué piensan sobre el dinero?
- ¿Cuál es el camino que consideran más adecuado para ti?
- ¿Cuál es su punto de vista sobre la autoridad?
- ¿Cuál es su punto de vista sobre el trabajo duro? ¿Grados escolares? ¿Trabajo de obrero contra trabajo administrativo? ¿Superarse en la vida? ¿Trabajo contra diversión? ¿Pasatiempos? ¿Tomar riesgos profesionales y personales? ¿Satisfacción personal?
- ¿Con cuáles de sus puntos de vista estás de acuerdo y con cuáles no? ¿Adaptas tu vida en función de ellos? ¿Te ayuda, te lastima o es neutral? ¿Cuáles de sus influencias es mejor desechar? ¿De cuáles puedes aprender algo?

En el camino a la madurez, pasamos por varias etapas. El primer rompimiento de la familia nuclear ocurre cuando entramos a la escuela y debemos lidiar con extraños sin la protección de nuestros padres o sus sustitutos. Aprendemos a enfrentar retos, competencia, frustraciones y juicios de otros. Los compañeros de clase a veces son poco amables y podemos sufrir violencia física o el ridículo.

Éste es el primer entorno en el que nos vemos a nosotros mismos y empezamos a formar una autoimagen que refleja lo que somos, en vez de lo que nuestros padres creen que somos. Si tenemos suerte, encontramos un espíritu afín muy parecido a nosotros que se vuelve nuestro amigo más cercano. Este amigo se convierte en una forma de percibirnos porque somos libres de compartir cosas que les ocultamos a nuestros padres. Con el amigo correcto, somos libres para explorar nuevos aspectos de nosotros en un contexto de apoyo mientras probamos y expandimos el mundo a nuestro alrededor.

En los años de adolescencia la necesidad de intimidad en la amistad se vuelve difusa y más amigos entran al círculo. Esto nos separará más de nuestros padres y nos brindará la oportunidad para desarrollar y probar nuestra autoimagen en un entorno nuevo e incierto. A veces implica la exploración y experimentación en nuevos planos como el sexo o las drogas. En definitiva, involucra la redefinición propia y la presión de nuestros compañeros para adoptar las características de un grupo. Si como adolescentes nos encontramos en un grupo afín, nuestro sentimiento de pertenencia a este mundo se hace más sólido. Si no, es posible que suframos una vida de alienación y aislamiento. Por fortuna, la mayoría de la gente sobrevive a los traumas de la adolescencia, y muchos se empoderan y construyen una fuerte confianza en sí mismos gracias a la experiencia.

Mi madre murió cuando yo tenía doce años y mi padre sufrió un severo desorden maniaco-depresivo. Estuve solo durante mi adolescencia. Tuve diferentes trabajos después de la escuela, en el verano recorrí Nueva York de arriba abajo, manejé autos y motocicletas antes de tener edad para sacar una licencia y tuve problemas dentro y fuera de la escuela. Creo que estas experiencias me hicieron más autónomo y capaz de lo que habría sido si hubiera recibido el mismo grado de guía parental que la mayoría de mis compañeros.

Además del sentimiento perpetuo y personal de pérdida asociado a no tener a mi madre, la mayor desventaja de estar solo fue que recibí orientación de la gente en la calle. No todo lo que me aconsejaban era sabio o legal. La elección de mi preparatoria la hizo mi amigo Charlie, un jugador de futbol americano de último año en la Preparatoria Stuyvesant. Aún recuerdo sus sabias palabras: "Ve a Stuyvesant; no eres lo suficientemente inteligente como para entrar a la Bronx Science".

Permití que tipos como Charlie definieran los límites de lo que yo podría lograr. Puedo culparme por eso. Soy más sabio ahora, puedo ver hacia mis primeros años, sentir empatía por el antiguo yo, darme cuenta de que sucedían muchas cosas en mi vida emocional y que aún no descubría quién era o qué quería.

Prefiero no pensar en el pasado con arrepentimiento. Todos tenemos algo de lo que no estemos orgullosos y no podemos dejar que ese hecho determine lo que somos capaces de lograr ahora. Toma tiempo ganar perspectiva, en particular durante los años de formación en los que ponemos a prueba nuestra autoimagen contra la de otras personas. Debemos ser amables con nosotros mismos.

Al dejar nuestros años de adolescencia, el siguiente gran evento que configura nuestra autoimagen es el interés amoroso. El resultado de esta combinación es el matrimonio o alguna relación equivalente con una pareja, y un alejamiento definitivo de los grandes grupos de amigos.[1] Además es un periodo usual de crecimiento personal, en el que aprendemos y mejoramos habilidades comerciales. Entonces, desarrollamos una nueva versión de autoimagen, integrando las influencias de la pareja íntima y nuestras habilidades en un cuadro de nosotros como adultos autónomos.

En mi caso, esto se manifestó cuando me casé al final de mi último año en la universidad. Empecé a dar clases como profesor al año siguiente de mi graduación e hice mi trabajo de titulación durante tardes y noches. Después obtuve un doctorado y un puesto como profesor auxiliar en la Universidad de Stanford.

Hacerse autónomo

Por lo general a los docentes universitarios no se les capacita para enseñar; se les instruye para ser investigadores e imitar lo que sus profesores hicieron. Pueden pasar muchos años antes de que encuentren su verdadera voz como maestros. De cierta forma, nunca se quitan por completo la influencia de sus profesores, así como uno nunca se quita las influencias paternales (o de los padres sustitutos).

En Taiwán, di un taller de un día completo titulado "Enseñanza creativa" y un joven profesor auxiliar me llevaba a mi hotel después de la clase. En la privacidad del auto me dijo: "Eso fue muy interesante. Nunca pensé que podía modificar la forma en la que enseño. No me di cuenta de que podía considerar rediseñar la estructura de mi trabajo y acercarme a la cuestión de enseñar como un problema que puede resolverse". Era evidente que estaba estremecido: había tenido una revelación, un gato de ojos amarillos, un ¡ajá! Entendió que la enseñanza necesita enfocarse desde una perspectiva individual, lo cual implica más que sólo cubrir cierto contenido; los profesores deben ser claros en cuanto a sus objetivos en cada clase y desarrollar un estilo que se ajuste a lo que son.

Por desgracia, mucha gente cae en la misma trampa, y no sólo en la academia. Somos influenciados por nuestros profesores y padres hasta el punto que pasamos nuestras vidas intentando, lo mejor que podemos, imitarlos, y con mucha frecuencia terminamos siendo copias de segunda categoría.

Una de las funciones de la familia y otros grupos o comunidades a los que pertenecemos es restringir nuestra conducta. Por lo general, estos límites tienen una función social. También implican una gran desventaja, a menos que estemos dispuestos, si es debido, a deshacernos de ellos de forma productiva. Si nos damos cuenta de que tenemos una personalidad e historia diferente de la de nuestros profesores y padres, podemos ser los creadores de una nueva síntesis que honre nuestras influencias pero que sea una expresión real de nuestro ser. Es importante que veamos nuestra vida y trabajo no sólo desde el punto de vista de la satisfacción, sino también preguntándonos cuáles son nuestros objetivos.

Es tu turno

Crea una lista de las cosas que pretendes cumplir en tu trabajo. Puedes llegar ahí preguntándote:

- ¿Cuál es mi intención?
- ¿Sólo pasar el día?
- ¿Hacer una tarea en específico?
- ¿Pasarla bien?
- ¿Elevar mi ego?
- ¿Encantar a otros?
- ¿Inspirar a otros?
- ¿Motivar a otros?
- ¿Escapar?

Después, cuando aclares cuáles son tus intenciones básicas, el siguiente problema es cumplirlas. Antes de hacerlo, es importante que estés seguro de que tus intenciones son reales y no sólo una serie de clichés que recitas en automático para apaciguar tu autoimagen. Cuando tus intenciones estén claras, puedes buscar la forma de implementarlas como una solución creativa de problemas y así librarte de prácticas pasadas y las limitantes del mimetismo.

Si estamos con alguien a quien admiramos, a menudo adoptamos algunos de sus rasgos. Así aprendemos el actuar de nuestros padres, parejas sentimentales, amigos, profesores y colegas. Por lo general, sucede de forma inconsciente. También aprendemos cómo *no* ser, lo cual requiere de un esfuerzo consciente. Por ejemplo, si crezco en una casa en la que mis padres pelean o están molestos todo el tiempo, noto que hay algo que no quiero repetir en mi familia. Pero, a menos que me ponga en guardia contra eso, es probable que la conducta de mis padres salga a la superficie cuando las cosas se pongan difíciles con mi esposa.

Cómo verte a ti mismo

Todos tenemos imágenes de lo que somos en nuestra mente; de manera colectiva, éstas se conocen como autoimagen. Las interpretaciones de nuestras emociones, acciones, autoimagen, cuerpo y pensamientos definen quiénes somos. Podemos tener una autoimagen que se asemeje a la realidad o estar equivocados.

Es tu turno

Enlista cinco palabras que describan el tipo de persona que crees que eres. Pide a cinco amigos o familiares que enlisten cinco cosas que describan a la persona que creen que eres. Después compara los veinticinco puntos con los cinco tuyos. Qué tan de acuerdo o en desacuerdo te encuentres con ellos puede darte una visión con respecto a lo veraz de tu autoimagen.

Estemos o no de acuerdo con nuestra autoimagen real, ésta puede marcar quienes somos, lo que hacemos y cómo respondemos al mundo que nos rodea. Otros la usan para manipularnos y nosotros la usamos para manipular a otros. Puede ser muy negativa o muy positiva, aunque para la mayoría de la gente es ambas.

Muchas veces, nuestra autoimagen limita lo que haremos o no, o por lo menos matiza nuestra sensación de lo que hemos y no hemos hecho. En un mundo ideal, la autoimagen sería la base para mucho de lo que hicimos o no; en el mundo real las cosas son más complicadas. Al usar la razón, la gente puede justificar cualquier acción en un intento para que concuerde con su autoimagen.

La mayoría de nosotros no tiene una autoimagen por completo realista. El psicólogo de negocios de Harvard, Chris Argyris, concluyó, después de cuarenta años de estudiar a las personas, que "actúan de forma inconsistente, sin percatarse de la contradicción que hay entre el modo en el que creen que actúan y el modo en el que actúan en realidad".[2] Alinear nuestra conducta con nuestra autoimagen requiere que nos digamos la verdad, que no nos engañemos o racionalicemos nuestra conducta. Nuestra autoimagen evoluciona y cambia conforme crecemos. Podemos tener ciertas tendencias innatas que se refuerzan con el entorno, mientras que otros aspectos por completo nuevos son resultado de las experiencias mientras acumulamos triunfos y fracasos. De esta manera, uno de los caminos que puede cambiar nuestra conducta es transformar de forma activa nuestra autoimagen y al mismo tiempo alinear la conducta con la autoimagen. En una persona bien integrada, la conducta cambia a la autoimagen y la autoimagen cambia a la conducta durante toda su vida.

En la *d.school* de Stanford intentamos dar a los alumnos una serie de experiencias que cambien su autoimagen para que piensen en sí mismos como personas creativas. A eso lo llamamos *confianza creativa*.[3] Michael Jensen, Werner Erhard y sus socios usan un concepto similar en el entrenamiento de liderazgo, lo llaman *"cambiar el contexto"*. A este tipo de cambios, también se le conoce como "reformulación" o "cambiar esquemas". Sin importar cómo le digan, el medio psicológico en el que opera es importante porque actúa como un árbitro oculto en la manera en la que enfocamos muchos aspectos de nuestra vida. Los ejercicios "Es tu turno" de este capítulo están diseñados para ayudarte a explorar y expandir los vínculos de tu autoimagen.

Es tu turno

Una forma de ver tu autoimagen es haciendo una lista de tus atributos. Puedes hacerlo de nuevo contestando la pregunta "¿Quién soy?" Pero para llegar a una reflexión más profunda, esta vez observarás lo que "eres" según tu autoimagen contrastando con lo que posees y tus actividades. Como sugerí en la sección "Usa tu cerebro" al final del capítulo 1, debes repetir cada pregunta por lo menos cinco o diez minutos. Si alguien más está disponible para trabajar contigo, tomen turnos en los que una persona repite la respuesta y hace la misma pregunta, y la otra responde. Por supuesto, si hay dos personas, la pregunta deberá reformularse: "¿Quién eres?"

- ¿Quién soy en función de lo que tengo?
- ¿Quién soy en función de lo que hago?
- ¿Quién soy en función de mi existencia?

Este ejercicio te da la oportunidad de detener la charla diaria en tu cabeza y echar un vistazo por separado a lo que tienes, lo que haces y lo que eres. También te permite escarbar profundo y ver cómo tu vida se amplía comparada con tu autoimagen. Te da la opción de corregir el rumbo o reafirmar que estás navegando en la dirección deseada.

A veces, la gente confunde quien es con sus posesiones, triunfos o trabajos. La pregunta para analizar las tres partes nos ayuda a alcanzar la claridad. Cada vez que hago este ejercicio, recuerdo que es más sutil de lo que parece. Por ejemplo, en función de lo que tengo, podría decir una esposa, dos hijos, una carrera profesional, una casa, amigos, alumnos, exalumnos, varias bicicletas, el nuevo manuscrito de un libro y cientos de trabajos académicos. En términos de lo que hago puedo decir que soy esposo y padre, enseño, investigo, tareas domésticas, socializo, asesoro, comunico, ando en bicicleta, manejo, escribo, publico. Las dos listas son más o menos idénticas.

Ninguno de estos puntos dice lo que soy en términos de mi existencia ¿o sí?. Mucho depende de cómo relacione estas cosas. Por ejemplo: para algunos, la enseñanza es algo que *tienen*; el trabajo como profesor es su mayor posesión. Recuerdo lo asombrado que estaba cuando acompañé a uno de mis maestros a recoger su ropa limpia y el empleado se dirigió a él como "doctor" y después como "profesor". Esto pasó en un pequeño negocio familiar en Flushing, Nueva York, a dieciséis kilómetros, y años luz, de la Universidad de Columbia. Es común en Europa, pero me pareció gracioso y fuera de lugar en medio de un barrio de clase media en Nueva York. Aquello reforzó la percepción que tenía de que ese pobre amigo usaba su trabajo para esconder quién era en realidad.

Para mucha gente, enseñar es algo que *hacen*. Es un trabajo, puro y simple. Es un empleo como cualquier otro: van a la oficina, invierten su tiempo y les pagan; el trabajo es sólo instrumental. Laboran para tener dinero y pagar la renta, alimentar a su familia y suscribirse a la televisión por cable.

Otras personas nacen para enseñar. Si no tuvieran un trabajo como profesores, enseñarían de todos modos. Es su llamado, una parte íntima de su ser. Recuerdo que en uno de los primeros libros de Henry Miller, leí que él y sus amigos sabían que sería escritor aunque en ese momento trabajaba como mensajero y todavía no publicaba nada.

Así que, dependiendo de cómo lo tome, enseñar podría ser algo que tengo, algo que hago o una parte de mi propia existencia. En la vida de la gente pasa lo mismo con muchas cosas. No hay una respuesta correcta sobre a qué categoría pertenece algo. Todo depende de ti. Es importante saber la diferencia y no confundirte entre lo que tienes, lo que haces y lo que eres. Aumenta tus posibilidades de formar una autoimagen realista.

La autoimagen de algunas personas las identifica en su totalidad con su origen. Por ejemplo, mi amigo Bruno. Su vida está marcada por aventuras, que a su vez se alimentan de su sólida autoimagen de macho alfa napolitano. Me quedó claro hace algunos años, durante una conferencia en Linz, Austria. Algunos de nosotros fuimos a una discoteca después de la cena. Había algunas mujeres locales sentadas junto a nosotros y Bruno sacó a una a bailar. Ella se negó y Bruno no podía creerlo. Exclamó en voz alta: "Pero si soy italiano. ¡Soy de Nápoles!"

No se dio por vencido, siguió invitándola a bailar y ella se negó con firmeza a pesar de lo impecable de sus credenciales. Pronto cambió de táctica y empezó a captar su atención conversando. Perdí el interés y no seguí la historia. Cuando nos fuimos del lugar, Bruno me mostró triunfante un pedazo de papel y dijo: "Me dio su número de teléfono". A la mañana siguiente, cuando marcó el número, se sorprendió al descubrir que no existía. Estaba seguro de que había un error de transcripción. No podía imaginarse lo que parecía obvio para el resto de nosotros: le dio un número inventado para deshacerse de él. Estoy seguro de que ella cometió un error, pero no el que Bruno piensa. Su error fue no darle su número real. Bruno tiene razón, es un tipo muy divertido.

Una buena herramienta para ayudarte a ver lo que eres en realidad, se llama *fantasía guiada*. Lo hacemos cerrando los ojos y creando una experiencia fantástica en la que examinamos una entidad sustituta como un árbol o una casa. Después damos una descripción detallada de lo que vimos en nuestra fantasía. Al final, repetimos la descripción, esta vez con la voz del objeto sustituto. De esta forma, obtenemos el acceso a imágenes de nosotros mismos que, por lo general, escondemos o no estamos conscientes de ellas.

Es tu turno

Una fantasía guiada es una buena herramienta para ayudarte a examinar lo que eres en realidad. A continuación se encuentra el guion que uso. Puedes grabarte a ti mismo leyéndolo de forma muy lenta y acostarte en el piso o en otra superficie plana para seguir las instrucciones mientras escuchas la grabación.

Por favor, cierra los ojos. Toma conciencia de cómo entra y sale tu respiración. Date cuenta de la temperatura del aire. Nota cómo tu pecho se expande y contrae.

Lleva tu atención desde el pecho al lado derecho de tu cuerpo. Pon tu atención a la derecha de tu cadera. Ahora muévela hacia abajo hasta tu pierna y luego a tu rodilla. Ahora lleva tu atención hacia abajo por la espinilla hasta tu tobillo. Pasa por el empeine de tu pie derecho hasta el dedo más pequeño. Lleva tu atención por los dedos del pie hasta el dedo gordo, después hacia arriba y adentro de tu pierna hasta la entrepierna y después a tu estómago. Lleva tu atención hacia la cadera izquierda. Ahora muévela hacia abajo, a lo largo del frente de tu pierna hasta la rodilla. Ahora lleva tu atención hacia abajo por la espinilla hasta tu tobillo. Pasa por el empeine de tu pie izquierdo hasta el dedo más pequeño. Lleva tu atención por los dedos del pie hasta el dedo gordo, después hacia arriba y adentro dc tu pierna hasta la entrepierna y después a tu estómago.

Ahora lleva tu atención a tu pecho y a tu barbilla. Toma conciencia de cómo entra y sale tu respiración. Date cuenta de la temperatura del aire. Nota cómo tu pecho se expande y contrae.

Ahora imagina que vas a hacer un viaje, imagina que te pones de pie y vas al aeropuerto. Imagínate abordando un avión para hacer un vuelo corto. Bajas del avión y caminas hacia un autobús. Haz un viaje corto y ahora, imagina una casa a la distancia y camina hacia ella. Cuando llegues a la casa, explórala por fuera y después por dentro, examina los detalles con cuidado.

(Aquí haz una pausa de diez minutos.)

Prepárate para dejar la casa y hacer tu viaje de regreso.

Primero camina de vuelta a donde tomaste el autobús. Imagínate el viaje de regreso y vuelve al aeropuerto. Aborda un avión y vuela de vuelta a tu aeropuerto original. Toma el camino de regreso a esta habitación.

Imagínate acostado otra vez. Toma conciencia de cómo entra y sale tu respiración. Date cuenta de la temperatura del aire. Nota cómo tu pecho se expande y contrae. Nota los sonidos del cuarto. Despacio, abre los ojos e incorpórate hasta estar sentado.

Después de unos minutos, describe a detalle la casa que exploraste. Puedes hacerlo solo, contárselo a alguien más o a un grupo si está a tu alcance.

En seguida, describe la casa otra vez, pero esta vez no hables por ti mismo. Habla por la casa y sus objetos. A través de ti, la casa y lo que contiene se describen a sí mismos en primera persona. Así que si la historia original contiene las palabras "Era una vieja casa con muchas cosas desordenadas", la nueva versión sería "Soy vieja y estoy llena de cosas desordenadas". Debes permanecer en el rol de objeto inanimado hablando en primera persona.

A menudo lo que pasa es muy revelador. Al hablar en nombre de la casa y sus posesiones te estás describiendo a ti mismo. De hecho, proyectas muchas de tus características en la casa y sus objetos. Es una excelente manera de verte porque lo haces de forma indirecta y no es amenazante. Produce reflexiones honestas que de otra forma no podríamos tener para examinar nuestra autoimagen.

CAMBIA TU AUTOIMAGEN

Otro ejercicio que puede tener un fuerte efecto para alterar tu mente es usar tu atención para obtener una nueva perspectiva en tus problemas y tu vida. Haz este ejercicio: piensa en un problema del cual estás dispuesto a deshacerte. Empieza preguntándote si de verdad quieres deshacerte de él. ¿Estás dispuesto a que desaparezca de tu vida ahora mismo? Es más difícil de lo que crees. Resulta que amamos aferrarnos a algunos de nuestros problemas. Los usamos para identificar lo que somos y para relacionarnos a través de ellos con nuestros amigos. Por ejemplo, a algunos de nosotros nos *gusta* que nos vean como víctimas porque así la gente nos demuestra simpatía.

Cuando encuentres algo de lo que en realidad te quieres deshacer, el resto es fácil. Sólo se trata de concientizar todas las cosas que asocias con este problema. Ser consciente, en general, implica estar atento a lo que haces o no (en automático) durante el día. Pero, hay más. La real toma de conciencia es ver sin juzgar. Es equivalente a sólo estar ahí y observar con imparcialidad qué pasa y qué hacemos. Es disponerse a *estar* en lo que sea que pase. Para llegar a ese estado, ayuda hacer una pausa por un momento, respirar, conectar con tu experiencia interna y observar el mundo alrededor. La concientización lleva a la reflexión y a la atención.

Es tu turno

En 1970 participé en un taller de dos semanas conocido como el Seminario de Entrenamiento Erhard (*Erhard Seminar Training* que generalmente se abrevia con minúsculas: *est*). En el segundo día, guiaron al grupo en un ejercicio que se llamaba Proceso verdadero. Para mi sorpresa, descubrí que el ejercicio eliminó por completo un molesto hábito al hablar que adopté años antes. Me sorprendí e incorporé el ejercicio a mis clases. Los resultados son muy favorables. Es una buena herramienta para deshacerse de los aspectos de tu autoimagen que obstaculizan el desarrollo de tu hábito de triunfar.

Mi versión del ejercicio cambió a lo largo del tiempo. No lo hago con un guion escrito y cada año sale de mi boca de forma diferente. No pienso que haya una exactitud crítica para hacerlo. Las mismas ideas se aplicaron en varias versiones mucho antes de mi primera experiencia con el Proceso Verdadero.[4]

En este ejercicio tomas conciencia de cuántas cosas puedes asociar con un problema en específico. Funciona mejor si te acuestas en un lugar tranquilo y cierras los ojos. Si haces esto en un grupo, alguien puede guiar al resto. Si no, puedes grabar las instrucciones y guiarte tú mismo. Una buena forma de hacerlo es concientizando tu respiración y la temperatura a la que sale entra y sale el aire. Después, mueve tu atención despacio por todo tu cuerpo. (El guion de la meditación que te di antes puede funcionar bien.)

Después de la relajación, piensa en un problema del cual estés dispuesto a deshacerte. El problema puede estar asociado con una relación en tu vida personal o profesional, un hábito o una decisión que te perturba. Lo que sea que tenga un impacto a nivel personal. No debe ser algo universal como la paz del mundo o salvar al planeta, a menos que sea parte del problema con el que estás lidiando.

Cuando tengas el problema que quieres desaparecer de tu vida, empieza con los pasos de los siguientes párrafos. Si en algún punto de este ejercicio sientes que ya te libraste de lo que querías, muévete directo a los últimos dos pasos.

Pasos del ejercicio

- Primero, en tu mente, crea un objeto que represente tu problema. Es decir, dale a tu problema una forma física. Imagínate el objeto a unos pasos de ti. Con los ojos cerrados mira esta encarnación. Concientiza sus propiedades físicas haciendo una lista con las siguientes preguntas: ¿Qué tan alto es? ¿Qué ancho tiene? ¿Qué tan profundo es? ¿De qué color es? ¿Cómo es su textura? ¿Cuál es su temperatura? ¿Tiene un olor? ¿A qué suena?
- Recuerda cuándo fue la última vez que este problema ocurrió en tu vida. Después recuerda la anterior y hazlo así hasta que llegues a la posible primera vez que pasó.
- Cuando termines, otra vez imagina la representación física de tu problema a unos pasos de ti y repite la lista de sus propiedades físicas. (Es normal que las propiedades de los objetos cambien un poco.)
- Ahora recuerda todas las cosas que estás seguro que están bien de ese problema. No te mientas.
- Cuando termines, imagina otra vez la representación física de tu problema a unos pasos de ti, repite sus

propiedades físicas. Nota: Repite las preguntas después de cada punto.
- Después, pregúntate todas las cosas que podrían estar bien de este problema.
- Ahora mira las cosas que crees que pueden estar mal de este problema.
- Ahora recuerda todas las cosas que le pasan a tu cuerpo cuando experimentas este problema.
- ¿Cuál es la posición de tu cuerpo cuando aparece el problema?
- ¿Tienes alguna reacción física asociada a este problema?
- Recuerda los estados emocionales por los que atraviesas cuando lo experimentas. Piensa en la experiencia y no en tus ideas sobre ella.
- Ahora mira las sensaciones y sentimientos que asocias con este problema. No te mientas.
- Después, observa las evaluaciones y juicios que tienes relacionados con el problema.
- Ahora menciónate todas las cosas que obtienes por conservar este problema en tu vida. No te mientas. ¿Qué hace por ti este problema?
- Ahora, imagínate estando molesto por el problema. Después, imagínate no estando molesto por el problema. De nuevo, imagínate molesto, luego no molesto y repítelo otras cinco veces. Después, imagina tener un disgusto por el problema. Después, imagínate no teniendo un disgusto por el problema, una vez más imagina la misma situación repite otras cinco veces. Después imagínate molesto y después no molesto, y después teniendo un disgusto y no teniéndolo.
- Ahora imagina que estás frente a un pizarrón blanco montado en un marco con ruedas. Escribe sobre él una lista de todas las cosas y nombres de personas que

mantienen este problema en tu vida. En este punto imagina otra vez la representación física a unos pasos de ti y repite la lista de sus atributos físicos por última vez.
- Ahora imagina que estás otra vez frente al pizarrón y que tienes un borrador en las manos. Observa la lista de lo que mantiene el problema en tu vida. Borra todas las cosas y todos los nombres de personas que ya no son válidos. Ahora imagina que empujas el pizarrón al borde de un precipicio que parece no tener fondo.
- Dale un último vistazo a tu lista, borra todo lo demás que quieras y empuja el pizarrón hacia el precipicio.
- Ahora imagínate en la playa en un día lindo y soleado. Haz tu actividad favorita por un rato. Cuando te sientas listo, abre los ojos y levántate despacio.
- Tómate el tiempo necesario para digerir con calma lo que pasaste durante este ejercicio.

LECCIONES DE DESPEDIDA DE AMIGOS

Siempre sentí afecto por los poetas y dramaturgos Welsh e Iris. El poema de Dylan Thomas "No te vayas dócilmente en esta buena noche" con frecuencia resuena en mí y hace mucho tiempo me imaginé yéndome a la tumba pateando y gritando. Por desgracia, he tenido mucho contacto con la muerte como para dejarme guiar por las emociones de mi juventud. Descubrí que las muertes, como las vidas, son únicas y si pongo atención, cada muerte provee cierta sabiduría.

La muerte de Karel Deleeuw fue un conocido caso de asesinato. Karel era un profesor de matemáticas y amigo cercano que vivió en la misma calle que yo en el campus de Stanford, nos visitábamos todo el tiempo. Dos noches antes de que Ruth y yo nos fuéramos de viaje, Karel y yo nos divertíamos leyendo anuncios extraños en el periódico de Berkeley. Uno de ellos era de una cinta de audio que explicaba cómo volver de la muerte; incluía una playera. El mayor atractivo del anuncio era su afirmación: "Compre esta playera y cinta, ¿quién quiere estar muerto para siempre?" Así que pedimos la playera y la cinta.

Cuando Ruth y yo volvimos del viaje, nos sorprendió ver a la esposa de Karel, Sita, esperándonos en el aeropuerto. Traía puesta la playera que Karel y yo habíamos pedido. Comencé a hacer bromas al respecto cuando ella me detuvo para decirnos que Karel había sido asesinado a golpes por Ted Streleski, un antiguo candidato a doctorado en el Departamento de Matemáticas en Stanford.

Streleski sentía que no había sido tratado bien en el departamento y quería atraer la atención pública a su caso. Aunque su asesor le dijo que su trabajo era aceptable para presentar su examen doctoral y su graduación por fin estaba a la vista, sintió que su vida se arruinó por el retraso en obtener el título. Muchos matemáticos hacían su mejor trabajo cuando eran jóvenes y él creía que era demasiado viejo como para ser grandioso.

Estaba bloqueado en la visión equivocada de triunfo, que considera que los reconocimientos y premios son lo más importante en la vida. Se hizo un lavado de cerebro hasta pensar que esto era lo único que importaba. Y se interesó más en su reclamo que en su título. Consideró las formas normales de queja, como escribir cartas a periódicos, administradores de Stanford, alumnos o hacer una demanda oficial. Decidió que esto no sería suficiente. Concluyó que sería una mejor publicidad asesinar a una figura prominente para después ir a juicio.

Hizo una "lista de objetivos" con varios profesores del Departamento de Matemáticas y después usó el transporte público para llegar de su departamento en San Francisco a Stanford en un circuito increíble. Cuando por fin llegó, no pudo encontrar a las primeras personas de su lista. Después llegó al nombre de Karel y, por desgracia, él estaba en su oficina revisando exámenes finales de su clase de verano. Streleski llevó un mazo y lo usó para asesinarlo. Abandonó el lugar sin que lo detectaran. Unos días después, se entregó a la policía.

Su idea era declararse inocente y tener un juicio que cubriera la prensa. Planeó llevar a miembros del departamento de matemáticas como testigos e interrogarlos para revelar al público las prácticas que consideraba abusivas.

Tuvo éxito, en cierta forma, consiguió publicidad y se establecieron relaciones entre su caso y las dificultades de los estudiantes de doctorado como una clase marginada. Este incidente fue el máximo ejemplo, para mí, de la debilidad de la lógica pura. La lógica de Streleski era impecable respecto a su deseo de obtener más publicidad para su caso, excepto porque se olvidó del mandamiento "No matarás". Por desgracia, este tipo de omisión prevalece en la toma de decisiones en muchos niveles de nuestra sociedad. Streleski fue sólo otro ejemplo trágico.

Fui al juicio cada día. Streleski se declaraba inocente, incluso cuando aceptó cometer el asesinato y planearlo con el mazo que llevó. Su abogado quería que lo declararan inocente por enfermedad mental. Streleski se negó porque no quería que se le considerara loco. Quería convencer a los medios de que el asesinato fue "lógico y moralmente correcto" y que éste fue un "pronunciamiento político" sobre el tratamiento que recibían los estudiantes.

He ahí un hombre brillante que pudo tener una buena vida de no estar obsesionado con lo que sintió que "le pertenecía". Si no tenía la vida del genio matemático que imaginó, otras personas pagarían por eso. Al hacerlo, claro, se hizo infeliz a sí mismo también. No hay ningún título, premio, trabajo o recomendación que valga la pena para morir por él. Por supuesto, la mayoría de las personas no son asesinos, pero este caso extremo hace claro el peligro de ser muy rígido en la visualización de cómo debería ser el camino de tu vida. La vida te lanzará retos; si te adaptas, encontrarás la felicidad en cualquier situación.

La muerte de un colega cercano, Rolf Faste, fue notable porque no siguió la reacción instintiva y esperada de la búsqueda de sobrevivencia a cualquier costo. Para ser un "emprendedor" tradicional, se supone que tienes que pelear, pelear, ¡pelear por tu vida! A Rolf no le importaba lo que otros pensaran. Sus triunfos se harían bajo sus propios términos. Después de que le diagnosticaron cáncer de estómago, notó que cuando visitaba a su médico regular, la experiencia lo hacía sentirse mal. Cuando iba con su maestro Zen, volvía a casa sintiéndose bien.

Decidió tratar su cuerpo como algo sagrado y no envenenarlo en nombre de la supervivencia. Aclaró que no recibiría visitas de nadie que le aconsejara someterse a quimioterapia o tratamientos de radiación. Pasó el tiempo meditando con calma y teniendo conversaciones positivas con amigos y familia. Murió de acuerdo con los principios con los que vivió.

En contraste, otro colega, que era una persona difícil, cambió por completo cuando recibió cuidados paliativos. No era una persona cercana a mí. Tuvimos una relación cordial, aun cuando no disfrutaba de su compañía. Después de enfermarse, fui a visitarlo a su casa por compromiso. Para mi sorpresa, cambió y fue muy agradable estar con él. Lo visité con frecuencia.

Otro colega comenzó a visitarlo con regularidad. Lo consideramos una compañía muy agradable. Al final, cerca de la muerte, dejó de fingir, estaba con nosotros como era. Fue una pena que tuviera que estar muriendo para que se sintiera libre de ser él mismo. Él y todos a su alrededor habrían tenido una mejor vida si eso hubiera ocurrido antes.

Bill Moggridge era un amigo cercano que tenía una gran noción de sí mismo y era en extremo independiente. Nadie podía obligarlo a usar un casco para andar en bicicleta, incluso cuando bajaba retumbando por la colina, pasando autos como si no estuvieran ahí. Cuando se hacía la pregunta "¿Quién eres?" Eso era lo que decía. Decidió cómo quería vivir su vida y que nadie interferiría en ella.

Cuando se enfermó, tuvo la misma reacción contra los tratamientos invasivos. Su actitud positiva le dio una notable habilidad para mantener una vida normal y su trabajo cuando muchos otros se darían por vencidos.

Al final, cuando era claro que estaba muriendo, le fue fácil hablar de la situación. La primera mañana que entré a su cuarto de hospital, me preguntó si había estado en la cabecera de muchos amigos moribundos. Supe que me quería decir que estaba bien hablar con él sobre su condición. Fue un regalo en extremo generoso.

Hospitalizaron a Bill en Nueva York cuando su situación ya era precaria. Ahí, aceptó varias prácticas abusivas y negligentes. Me sorprendió lo dispuesto que estaba. Después me di cuenta de que era una conducta de protección, "se estaba dejando llevar para sobrellevar". Es probable que se diera cuenta de que, si no representaba un problema, tendría el mejor cuidado que le podrían proveer. Al final, su condición empeoró tanto que decidieron trasladarlo de Nueva York a un centro para enfermos terminales en San Francisco.

La mudanza requirió pasar una noche en un motel cerca del aeropuerto de San Francisco. La siguiente mañana, cinco de nosotros nos vimos involucrados en el traslado de Bill del hotel a la vagoneta. No podía caminar, así que lo movimos en una silla de ruedas. Como era un hombre grande, no estaba claro cómo ponerlo en el asiento delantero.

Sus dos hijos, Eric y Alex, Izzy (una amiga de Nueva York), Matt (un gran colega de Bill) y yo, discutimos varias maneras de proceder. Por desgracia, hacía frío debido a la neblina veraniega y un viento gélido. La discusión se prolongó mucho tiempo. Bill se hartó. No había dicho casi nada el día anterior y cuando hablaba era muy suave y difícil de entender. Ahora, alzando la voz, dijo: "Bernie, cállate. Izzy, cállate. Eric, cállate. Alex, cállate. Matt, tú decide".

Fue un momento mágico: mi amigo Bill revivió y estaba expresando su propia autoimagen ante nosotros. Resolvió problemas hasta el final y se hizo cargo de la situación. Con su acento inglés, fue como si Dylan Thomas nos estuviera diciendo que no se estaba yendo dócilmente en esta buena noche. Ése fue su gran regalo para todos nosotros.

Es tu turno

Imagina que sólo tienes diez minutos para vivir. ¿Qué harías?
Imagina que sólo tienes diez días de vida. ¿Qué harías?
Imagina que sólo tienes diez meses de vida. ¿Qué harías?
Imagina que sólo tienes diez años de vida. ¿Qué harías?
Imagina que sólo tienes el resto de tu vida para vivir. ¿Qué harías?

Al ver las respuestas de estas preguntas tendrás mucha información sobre ti. En este ejercicio hablamos de tu jugada final. ¿Puedes pensar en qué cambios harías para diseñar tu autoimagen? ¡Empieza a diseñar y cambiar! Ninguno de los amigos que mencioné sabía cuándo entraría a la cuenta regresiva. No sé cuándo será la mía y tú tampoco lo sabes. Una cosa es segura, está más cerca hoy que ayer y mañana lo estará todavía más. Así que ahora es momento de transformarte en la persona que quieres ser.

Volver al punto de vista

Los escritores que cuentan historias se preocupan por los diferentes puntos de vista. Los clasifican como punto de vista objetivo, de tercera persona, de primera persona, omnisciente y omnisciente limitado.

En el punto de vista objetivo, el escritor adopta la posición de un observador distanciado, sin decir más de lo que puede inferir por los diálogos y las acciones. En el punto de vista de tercera persona, conocemos los detalles de los personajes a través de la voz externa del narrador, aunque no participa en la acción de la historia.

En el punto de vista de primera persona, el narrador participa en la historia y la fiabilidad de la narración está en duda debido a la falta de objetividad. El narrador omnisciente sabe todo de todos los personajes y sus acciones, y la versión más limitada sabe sobre un número restringido de personajes y sus acciones.

En la vida real, nos toca escribir nuestras propias historias. Algunas personas pueden ser tan arrogantes como para pensar que pueden escribir desde un punto de vista objetivo u omnisciente, y algunas personas raras pueden disociarse lo suficiente de sus vidas como para tomar un punto de vista de tercera persona. Algunos viven con el engaño de que pueden tomar *cualquier* punto de vista. Tal vez es posible por momentos breves, pero casi todos nosotros estamos limitados a un punto de vista en primera persona, y así como en la ficción, la cuestión de la fiabilidad se pone en juego.

Ya que estamos *escribiendo* nuestras propias vidas en primera persona, necesitamos darnos cuenta de que nosotros damos sentido y significado a todos los personajes (incluyéndonos).

Hay varios factores en juego que determinan tu autoimagen, puedes darle forma y rediseñarla cuando no vaya contigo. Ya sea que incluya cambios físicos como hacerte un corte de cabello o perder peso; rasgos de personalidad como mejorar habilidades o cambiar partes de tu identidad (como el nombre), es importante saber que tu autoimagen no debe permanecer estática. Si te defines como perezoso, desordenado, distraído o egoísta, eso no es una parte eterna de tu concepción. Puedes tomar decisiones ahora mismo para verte diferente y después ser diferente.

El PANORAMA general

9. El panorama general

*La locura es algo raro en los individuos,
pero en los grupos, partidos, naciones
y épocas... es la regla.*

FRIEDRICH NIETZSCHE

La vida, en cada nivel, está llena de complejidad e incertidumbre. Como individuos enfrentamos una vida de duración desconocida, durante la cual atravesamos periodos de crisis familiares, de carrera o personales. El mundo que nos rodea es aún más impredecible. Siempre me sorprendo de que las cosas funcionen tan bien.

Es una buena idea tener una idea general de tus objetivos en la vida y no ser demasiado rígido con tu camino. Permanece abierto a las posibilidades, deja entrar a otras personas y escucha cuando se presenten nuevas oportunidades.

La vida como azar

Parece que mi vida fue marcada con rodeos imprevistos, seguidos de vueltas a la izquierda y a la derecha (tomo menos una serie de pasos planeados y racionales). Esto me pone en una difícil situación cuando los estudiantes me piden consejo sobre su elección de carrera.

Intento darles mi mejor fórmula: una extrapolación lineal racional del presente al futuro, aunque sé que la posibilidad de que lo que digo se haga realidad es muy pequeña. A veces les respondo: "La vida es una aventura, así que relájense, dejen de intentar resolverla y sólo fluyan con ella". Esto no parece satisfacer a la mayoría, así que juego al erudito, sabiendo muy bien que sus vidas pronto se desviarán de cualquier camino racional que hayan dispuesto.

No tengo el tiempo ni el valor para contarles a mis alumnos cómo terminé viviendo y enseñando en Stanford, pero lo narraré aquí.

Ruth y yo crecimos en el mismo vecindario cerca del Bronx Park de Nueva York. A pesar de mi mal inicio porque era un estudiante flojo de preparatoria que se pasaba el tiempo en las calles, fui a la universidad local donde casi tuve que salirme sin recibir el título. Una carta del decano en la que me decía que estaba a prueba académica fue la llamada de atención que necesitaba para despertar.

Pensé: "¡Esperen, no pueden echarme sin el título!" Sabía que no era estúpido.

A partir de ahí, fui un alumno destacado. Sacaba las mejores calificaciones, aprendí a amar la escuela y quise seguir estudiando, así que entré al posgrado. También empecé a dar clases en City College y ser maestro me llamó la atención. En verdad lo disfrutaba. Cuando estaba cerca de terminar mi doctorado en la Universidad de Columbia, platiqué con mi asesor de tesis sobre mi futuro. Me sugirió aplicar para unirme al cuerpo docente de Columbia, lo que me causó un gran placer. Me advirtió que sería prudente aplicar también en otro lugar porque en ese momento había una disminución en la endogamia del Departamento de Ingeniería Mecánica.

Mencionó que la Universidad Cornell estaba buscando un profesor adjunto joven. Por mi parte, recordé que hacía algunos años había pasado un verano en Los Ángeles y escuchado que la zona cercana a la Universidad de Stanford era un lindo lugar para vivir. Le pregunté a mi asesor si conocía a alguien entre los docentes de esa universidad. Sí, conocía al profesor Arnold. Estas fueron las coincidencias que me llevaron a Stanford, donde he pasado casi cincuenta años de mi vida.

En marzo de 1961, la International Conference for Teachers of Mechanisms (Conferencia Internacional de Maestros de Mecánica) se llevó a cabo en la Universidad de Yale, bajo el auspicio de la Fundación Nacional para la Ciencia. Los organizadores de la conferencia enviaron una invitación al profesor Arnold de la Universidad de Stanford.

En el Departamento de Ingeniería Mecánica de Stanford había dos profesores que se apellidaban Arnold. John E. Arnold era un famoso docente de ingeniería mecánica y de la escuela de negocios; fue el fundador de la División de Diseño del departamento. Por otra parte, Frank A. Arnold era un profesor asociado con la División de Termociencias, que estaba interesado en la aerodinámica del vuelo, no en la mecánica. Por error le entregaron la invitación a Frank en vez de John. Sin disuadirse por este error obvio, Frank aceptó la invitación y asistió a la conferencia, donde conoció a mi asesor de tesis.

Así, cuando mi asesor le escribía sobre mí a su conocido, le escribía a la persona equivocada. Por suerte, esta vez Frank le dio la carta a John. Mi asesor tenía una fuerte reputación y basado en eso, John Arnold me invitó a Stanford para una entrevista.

Mientras tanto, había recibido una carta de la Universidad de Columbia. Me aceptaron en la posición de profesor adjunto y empezaba en septiembre. Deseaba enseñar en Columbia, trabajar de cerca con mi asesor de tesis. Pero también estaba feliz de viajar gratis a California para la entrevista. A finales de julio, Ruth y yo contratamos una nana para cuidar a nuestros dos hijos pequeños y a mi hermana de doce años que vivía con nosotros, y abordamos un tren a California.

En Stanford, me impresionó mucho John Arnold. Supe que había sido un profesor famoso en el MIT (Instituto Tecnológico de Massachusetts) y que sólo llevaba algunos años en Stanford. La División de Diseño que había creado estaba compuesta por tres miembros de la facultad, eran jóvenes y estaban en el inicio de sus carreras. La atmósfera era muy diferente a la que estaba acostumbrado en Columbia. John tenía un enfoque especial sobre la educación y la ingeniería porque primero había estudiado filosofía. Además de todo, noté un brillo especial en sus ojos que me hizo sentir que sería muy interesante trabajar con él.

Así estaba muy contento cuando, después de medio día de entrevistas y una reunión para almorzar, el encargado del departamento me dijo que me recomendarían para un puesto de tres años como profesor adjunto a prueba para hacerme titular. Esa tarde me preocupé. Mi esposa estaba cautivada por el área, John Arnold y el trabajo parecían muy atractivos, pero quería a mi asesor de tesis, Columbia y Nueva York. Además, la Universidad de Columbia iniciaba el semestre de otoño en un mes, y ya había aceptado el puesto. ¿Qué hacer?

Si me mudaba a Stanford, estaríamos llegando en un mes con una familia y sin un lugar donde quedarnos. Dejé un depósito para la renta de una casa, bastante consciente de que las probabilidades serían que perdería el depósito y me quedaría en Nueva York. Ruth y yo nos atormentamos pensando en esta decisión durante todo el camino de regreso.

Cuando llegué a Columbia, mi asesor de tesis me preguntó qué había pasado y le dije que me habían ofrecido el puesto. Si dudarlo, me dijo que había discutido la posibilidad con mis colegas y que habían escuchado que la facultad estaba teniendo un gran desarrollo. Creían que Stanford iba a encabezar una nueva era y sentían que lo mejor para mí sería aceptar la oferta. Además, no debía preocuparme por mi renuncia de último minuto en Columbia, se resolvió en un instante. Sólo quedaba informar a nuestros familiares que nos íbamos y nos llevábamos a los tres niños a miles de kilómetros de distancia. Y sí, mi hermana de doce años estaba horrorizada por la posibilidad de dejar a sus amigas.

He tenido una carrera larga y satisfactoria en Stanford. Al principio, una serie de eventos improbables me trajo aquí. Mi vida está marcada por acciones que quizá nunca habrían pasado si no se combinaban diferentes eventos al azar.

La mayoría de la gente que conozco tiene trayectorias de vida no lineales semejantes. ¿Qué hay de ti? ¿Has tenido suficientes acontecimientos inesperados como para pensar que la-vida-es-una-teoría-del-azar? Si es así, aprende a disfrutarla y no gastes tu viaje en tren a través de un país preocupándote por lo que vas a decidir.

OPORTUNIDADES

Algunas personas casi nunca necesitan tomar decisiones que las atormentan; para ellas la vida se trata de fluir, y cuando ocurren las grandes transiciones, notan que sólo eran grandes en retrospectiva. Soy una de esas personas. Me considero afortunado de haber tenido ese tipo de camino. Y al pensar en los muchos cruces de esta carrera larga y plena, ahora veo que, si no hubiera respondido a ciertas oportunidades, mi vida habría sido un poco diferente. Claro, nunca sabré cómo habría sido, pero aun así no tengo remordimientos.

En el mundo hay dos tipos extremos de personas: los que dicen sí a cada oportunidad y los que dicen no. Yo estoy en medio.

He descubierto que es importante estar consciente de mis reacciones a las oportunidades. No hay forma de saber con anterioridad a dónde me llevarán. Quizá algunas a ningún lado y otras al desastre. Aunque cuando la oportunidad se presenta sola, la única opción es responder (ignorar la oportunidad también es una respuesta).

Muchas circunstancias que cambiaron mi vida me llegaron en forma de llamadas inesperadas. La primera vino en mi segundo año en Stanford. Contesté el teléfono de la oficina y me pidieron que esperara: "El doctor Terman quiere hablar con usted". Por supuesto que conocía ese nombre, Friedrick Terman era el rector de la universidad, un legendario ingeniero eléctrico que había sido mentor de Bill Hewlett y David Packard, pero no lo conocía en persona. ¿Qué podría querer de un profesor adjunto joven?

Me informó que llamaba para sugerir que auxiliara en el diseño de máquinas a John McCarthy, un matemático que acababa de ganar una beca enorme para los fondos del Laboratorio de Inteligencia Artificial de Stanford. Parte del dinero fue al departamento de aparatos robóticos. Terman dijo que John era demasiado matemático para manejar el diseño de las máquinas actuales y que yo podría proveer las habilidades de ingeniería necesarias.

La llamada de Terman me llevó a una colaboración cercana con el Laboratorio de Inteligencia Artificial de Stanford y mi inmersión en la robótica, lo cual se volvió una parte fundamental de mi trabajo creativo durante cuarenta años. Me convertí en uno de los fundadores en el nuevo campo de la robótica y John se volvió un amigo de toda la vida. Fue uno de los creadores principales del campo de la inteligencia artificial, un verdadero genio con una increíble mente creativa y curiosa. Pronto descubrí que era mucho más práctico de lo que Terman pensaba.

John tenía la fascinante creencia de que podía resolver cualquier problema. En los primeros días viajé con él a Houston, donde nos reunimos con ejecutivos de una compañía petrolera en una elegante sala de conferencias, casi en el último piso de un rascacielos. John trataba de convencerlos de financiar el desarrollo de una rafadora robótica. Nunca habíamos hecho algo remotamente parecido, pero John describió con lujo de detalles lo que imaginaba que lograría tal proyecto. Mostró un video que habían hecho nuestros estudiantes donde un brazo robótico armaba una torre de bloques. El fondo musical era la melodía ragtime "The Entertainer" de Scott Joplin, usada en la película *El golpe.* En la película, dos estafadores (Paul Newman y Robert Redford) le roban mucho dinero a un jefe de la mafia. Cuando estaba sentado ahí, me di cuenta de que John no estaba consciente del fuerte paralelismo entre nuestra fantasiosa solicitud y la trama de *El golpe.* Nunca conseguimos el dinero. Hasta la fecha estoy seguro de que el petrolero vio la ironía y le dio mucha risa.

Recuerdo que mi reacción inicial a la llamada de Terman fue neutral. Al principio sentí que la oportunidad que se me presentaba era una distracción para mi investigación principal. Pero resultó que fui capaz de aportar mi perspectiva singular a lo que John estaba haciendo, y a su vez el trabajo de robótica mejoró mi área principal de interés: la cinemática.

Otra llamada telefónica que cambió mi vida fue de mi amigo Mike Rabins, un profesor de la Universidad A&M de Texas que quería saber si organizaba talleres de creatividad. Mi reacción inmediata fue un *claro que no.* Pero en cuanto colgué me di cuenta de que podría ser una buena oportunidad para que mi amigo Rolf Faste aumentara su reputación y consiguiera su ascenso. Así fue como nos metimos de lleno a liderar estos talleres de verano durante diez años.

La oportunidad que acepté de mala gana por razones que nunca se materializaron (Rolf nunca aplicó para el ascenso), al final tuvo un gran impacto en mí. Enseñar metodología y aprendizaje basado en la experiencia se volvió una parte importante de mi vida y tuve una base nueva para interactuar con colegas alrededor del mundo.

Estas dos grandes transformaciones en mi carrera iniciaron con llamadas telefónicas sorpresivas. De inmediato acepté los cambios de vida que me ofrecían las llamadas. En retrospectiva, no tenía idea de lo enorme que sería el cambio. Cada una inició como otra ocurrencia diaria. No hubo decisiones angustiosas ni planes a largo plazo (nada fuera del curso ordinario de mi vida). No buscaba un cambio, y de seguro habría tenido una vida plena y maravillosa sin estas transformaciones; por suerte fueron más que satisfactorias.

Al mirar atrás y pensar en estas llamadas, me doy cuenta de que era fácil decir que no a cualquiera de las dos, pero habría perdido dos de los acontecimientos más gratificantes de mi vida profesional. La vida está llena de momentos críticos y oportunidades, y es imposible saber por adelantado qué camino tomar. Me siento muy afortunado de haberles dicho que sí a estas oportunidades.

La bendición del trabajo

Se ha escrito mucho sobre la automatización y el remplazo de los humanos por máquinas. Hay dos justificaciones principales para los trabajos mecanizados que antes hacían las personas: primero, el trabajo es tedioso y peligroso, así que es mejor dejar que las máquinas lo hagan por el bien de los trabajadores. Segundo, los trabajadores son caros y poco fiables, así que las máquinas pueden ahorrar dinero mientras conservan o mejoran la calidad.

En general, estas ideas surgen a partir del trabajo de los obreros en las fábricas. No se dirigen a la revolución de las computadoras y a los grandes cambios que han ocurrido en la mano de obra, reemplazando un gran número de trabajadores científicos y técnicos altamente entrenados y educados con máquinas. Esta tendencia hacia más y más automatización pone en la mesa la pregunta: ¿Qué significado le damos al trabajo?

De cierta forma, la situación actual fue anticipada por escritores tan antiguos como aquellos de los primeros días de la Revolución Industrial. Uno de los libros más proféticos en este género fue escrito por Kurt Vonnegut justo después de la Segunda Guerra Mundial. En *La pianola* describe unos Estados Unidos del futuro donde la mayoría de las personas son desempleados o trabajan en labores aisladas, en un ejército inconsistente o haciendo proyectos públicos sin sentido.[1] La gente vive frente a un río (igual podría ser una carretera o unas vías del tren) en una pequeña élite que opera la economía. En esta sociedad, las máquinas hacen la mayor parte del trabajo, y las labores que quedan para la población humana no le otorgan ninguna satisfacción.

Una trama más comprensible de los cambios ocasionados por la forma en que la gente elige el desarrollo de la tecnología se encuentra en el tratado de Harry Braverman *Trabajo y capital monopolista*. Braverman señala el trabajo que toma en cuenta la autoexpresión que satisface las necesidades humanas, y rastrea los orígenes de la tendencia hacia la desprofesionalización del trabajo y los trabajadores. En términos de Braverman, las máquinas que mejoran las habilidades de las personas *apoyan la vida*, mientras que las que desacreditan a la gente y devalúan su trabajo *destruyen la vida*.[2]

Tal vez el mejor portavoz de la necesidad de definir el papel más apropiado de las máquinas es Mahatma Gandhi. Cuando se le preguntó si estaba en contra, contestó:[3]

> ¿Cómo puedo estarlo si sé que incluso este cuerpo es la máquina más delicada? La rueca es una máquina, un palillo también. No me opongo a la maquinaria, sino a la tendencia de lo que llaman el ahorro de trabajo. Los hombres van a "ahorrar trabajo" hasta que miles se queden sin empleo y sean echados a la calle para morir de hambre. Quiero ahorrar tiempo y trabajo, pero no para una fracción de la humanidad, sino para todos. Quiero que la riqueza esté en manos de todos, no de unos cuantos. Hoy, las máquinas ayudan a que unos pocos se monten en las espaldas de millones.

Los problemas expuestos por Braverman y Ghandi son reforzados con elocuencia por E. F. Schumacher,[4] quien observa el trabajo desde un punto de vista budista. En su ensayo "Economía budista" señala que la labor sirve para alimentar nuestra necesidad básica de asociación con las demás personas. De hecho, trabajar satisface varias de nuestras necesidades humanas básicas:[5]

1. Le da a la gente la oportunidad de usar y desarrollar sus facultades.
2. Permite que las personas superen su egocentrismo al unirse a las demás en una tarea común.
3. Genera los bienes y servicios para una existencia adecuada.

Con esto en mente, Schumacher señala que el trabajo es una función humana básica que trasciende los significados económicos con lo que comúnmente se le asocia:

> Organizar el trabajo de manera que se vuelva aburrido, sin sentido, atrofiante o estresante para el trabajador sería casi criminal; indicaría una mayor preocupación por los bienes que por la gente, una falta malvada de compasión y un grado de apego al lado más primitivo de esta existencia mundana. Por otro lado, esforzarse por el descanso como una alternativa al trabajo sería un malentendido total a una de las verdades básicas de la existencia humana: el trabajo y el descanso son partes complementarias del mismo proceso de vivir y no pueden separarse sin destruir la alegría de trabajar y la felicidad del descanso.

Si me inspiro con la humanidad y belleza de la descripción de Shumacher sobre la concepción budista de la subsistencia correcta, ¿en dónde me deja en términos de las condiciones actuales en mi propia sociedad? Para mí, la respuesta proviene de un lugar extraño. La encontré en el libro de Lawrence Weschler, *Seeing Is Forgetting the Name of the Thing One Sees*, una revisión de la vida y obra del artista contemporáneo Robert Irwin.[6]

Lo inusual e inspirador sobre Irwin es la experimentación que trajo para explorar los límites de su arte. Para mí, el viaje de Irwin es un modelo para cualquiera en cualquier camino de la vida. Nos habla de tomar el control sobre la vida y el trabajo. En vez de seguir el rumbo normal de su profesión, Irwin siguió su curiosidad y creó un camino único de exploración y asombro que genera una fuerza de vida basada en la autoexpresión.

Cuando mis estudiantes leen la biografía de Irwin, al menos ocurren dos cosas. Primero, y la más importante, se dan cuenta de que no necesitan encerrarse dentro de los límites de su profesión como les enseñaron en la escuela o hacen sus compañeros. Segundo, aprenden sobre la percepción, que para la mayoría es una forma nueva y útil de ver el mundo. Como dice el título: "Ver es olvidar el nombre de las cosas que ves".

Incluso aquellos que siguen en el sistema pueden hacer cambios significativos que apoyen sus principios y los aparten de sus colegas profesionales. Algunas personas (como yo) no hacen trabajo militar por cuestión de principios. Otros eligen colaborar en proyectos de mejora social. Está por demás decir que la elección del trabajo es una actitud hacia y relacionada con él. Mucha gente asocia la libertad para tomar tales decisiones sólo con la labor profesional más especializada. Mi experiencia es que tales elecciones están disponibles en todos los empleos, desde el más sofisticado hasta el más sencillo.

Realicé varios trabajos para costear mis estudios. Fui dependiente de una gasolinera, de un almacén y del servicio postal, remachador, mozo, chofer de camión, vendedor de casa en casa, repartidor, criador de pollos, ingeniero y profesor. ¿Acaso fui menos inteligente o menos persona cuando no tenía el grado de doctor junto a mi nombre? No importa el trabajo que hacemos o de dónde provenimos, nosotros decidimos cómo observamos nuestro mundo.[7] Cuando tienes una buena autoestima y mantienes una actitud positiva de tu futuro, por lo general los demás te imitarán. Al elegir el significado que le damos a las personas y cosas que nos rodean, terminamos por controlar nuestras experiencias sin importar en qué trabajemos.

CUMPLIR LAS EXPECTATIVAS DE LOS DEMÁS

Tal vez una de las cosas más difíciles es seguir un camino diferente a lo que tu familia o la sociedad esperan de ti. Es muy posible que quieran que te unas al negocio familiar o que tengas la misma carrera y trayectoria de vida de tus padres. Y quizá eso te haga feliz... quizá no.

Cuando crecí en el Bronx, mi amigo Mark tuvo mucha presión de sus padres porque no ponía atención a su trabajo en clase; pasaba todo su tiempo en la calle arreglando carros. Le insistieron que fuera al terapeuta, quien le hizo una batería de pruebas. Los resultados mostraron que tenía aptitudes para hacer cosas ¡con las manos! Terminó mudándose a un pequeño pueblo, donde abrió un negocio de impresiones y vivió feliz para siempre.

Como Mark, muchos de nosotros presentimos para qué somos buenos y lo que nos llama de manera natural, aunque estemos rodeados de gente bien intencionada (como los papás de Mark) que tiene ideas establecidas sobre el mejor camino para nosotros. Muchas veces, las dos corrientes de ideas están en conflicto.

Cuando mi esposa estaba en la escuela, sus padres insistieron que estudiara algo sobre habilidades comerciales como secretaria o maestra, en vez de hacer el trabajo para lo que nació: solución creativa (y artística) de problemas. Esta presión la llevó a tomar una elección profesional errónea y tardó muchos años en retomar el camino.

A veces puedes correr con suerte y tener un protector. Andy fue mi mejor amigo en la escuela de posgrado. Durante su funeral, un sobrino expresó su gratitud con lágrimas en los ojos y un discurso muy emotivo. El sobrino, ahora un arquitecto exitoso, se sentía profundamente en deuda con Andy por haberlo apoyado y costeado con sus estudios de arquitectura después de que su padre lo rechazara por decidir no entrar en los negocios familiares.

Mark, Ruth y el sobrino de Andy enfrentaron conflictos al elegir sus carreras. Tales problemas son muy comunes entre los estudiantes universitarios. Incluso sin restricciones e influencias externas, es común que la gente cambie de opinión a medio camino. Algunos lo hacen varias veces. Otros pasan la mayoría de sus vidas laborales buscando el sendero correcto y algunos rompen por completo con lo establecido. Con frecuencia, al hablar con mis estudiantes, les explico que mucha gente, incluso la más exitosa, no sabe lo que "quiere ser de grande". Todo es parte de la aventura de la vida, y lo mejor que puedes hacer es disfrutar del viaje.

Las restricciones en nuestras carreras tienden a ser autoimpuestas. Se dice que todos subimos hasta alcanzar un nivel de incompetencia. No puedo decir que eso sea cierto. Más bien tendemos a *subir sin pensar*. Hay una escalera que existe en muchas carreras y la sociedad le lava el cerebro a la gente para que crea que debe subirla. No todos los premios, grados o promociones son algo bueno para los individuos.

Hay muchos "exalgo" grandiosos flotando por ahí que habrían tenido vidas mucho más satisfactorias y productivas si se hubieran quedado en la trinchera, haciendo lo que en verdad disfrutaban, en vez de moverse hacia la dirección que parecía ir hacia arriba.

Una mujer llamada Diane pasó muchos años como enfermera antes de ser promovida a supervisora y luego a administradora. Era mucho dinero y poder, aunque se dio cuenta de que ya no estaba ayudando a nadie... y renunció. El apartarla de los pacientes que cuidaba mató su entusiasmo por el trabajo. ¡Ahora es instructora de artes marciales!

Si dudas, regresa al primer ejercicio donde te preguntaste: "¿Quién soy?" "¿Qué quiero?" "¿Cuál es mi propósito?"

Es una buena idea volver a este ejercicio con frecuencia. Ahora me gustaría hacerlo una vez más y agregar una palabra nueva: "¿Qué quiero *de verdad*?" Sigue preguntándotelo una y otra vez, hasta que sientas que has entendido y conoces tus deseos para que nunca vuelvas a estar a merced de lo que la sociedad piensa que es bueno para ti.

Lo que damos por hecho

> *Lo más importante que podemos conocer sobre una persona son las cosas que damos por hecho, y lo más importante que conocemos sobre una sociedad es lo que sólo suponemos y apenas notamos.*[8]
>
> LEWIS WIRTH

Lo que damos por hecho y sólo asumimos es la base para nuestra autoimagen y da sentido a las cosas de nuestra vida. Al hacer explícitas nuestras suposiciones arraigadas somos capaces de afirmarlas o cambiarlas. Hacer esto nos da la oportunidad de transformarnos de marionetas a verdaderos seres autónomos.

Algunas personas logran la autonomía a través de pura necedad y rebeldía. Aunque puede funcionar, no es una forma saludable de lograr el cambio. Un enfoque más racional es fijarse en todo lo que es obvio para ti.

Es tu turno

Haz una lista de todas las cosas en tu vida que, por lo general, no notas. Un buen título sería: "Cosas que son demasiado obvias o triviales".

Por ejemplo, tu lista puede incluir lo siguiente:

- En realidad no escucho a mi esposa cuando habla.
- Nunca limpio el garaje.
- No duermo lo suficiente.
- Nunca encuentro el tiempo para llamar a mi primo.
- Apoyo al mismo partido político que mis padres.
- Mi actitud hacia el dinero es la misma que la de mi padre.

En los días siguientes, fíjate cuánto de tu comportamiento está basado en los puntos de esa lista. Si eres feliz con estas cosas, sigue con tu vida. Si quieres cambiar alguna, táchala de la lista (real y metafóricamente).

Una de las cosas que más me gusta de enunciar los problemas en forma de puntos de vista (revisa el capítulo 3) es que el PDV tiende a revelar suposiciones subyacentes y hacer explícitos los objetivos deseados. Antes, la gente operaba sobre las bases de las suposiciones sobreentendidas e inadvertidas. Ahora, con el PDV, muchas se declaran de manera franca. Por desgracia, un número incontable de suposiciones siguen desapercibidas y pueden influir en la solución.

El papel que juegan las suposiciones sin cuestionar se vuelve obvio si vemos las normas sociopolíticas del pasado, cosas como el poder absoluto de la realeza, la participación política prohibida a las mujeres, las herencias para el primogénito, la esclavitud, la servidumbre, la prohibición al divorcio, el voto sólo para los propietarios de tierras, el trabajo infantil, la colonización y la "responsabilidad del hombre blanco". Durante mucho tiempo, cada una de estas suposiciones fue parte intrínseca de algunas culturas, pasaron desapercibidas y sin oposición hasta que su presencia se puso en primer plano y se cuestionó su legitimidad.

Una parábola que ilustra muy bien la naturaleza de nuestras normas sociales es la historia del joven que caminaba en un pequeño pueblo vestido sólo con una sábana blanca; no hablaba, sino que balbuceaba. La gente del pueblo supuso que el pobre hombre estaba loco y lo encerraron en un manicomio. Una semana después, otras veinte personas caminaron por el pueblo, vestidas igual y balbuceando. Entonces la gente del pueblo soltó al primer hombre porque entendieron con claridad que era parte de una secta religiosa. El mensaje es que, si vas a hacer algo extraño, será mejor que lo hagas en grupo; de otra forma la gente pensará que estás loco.

Muchas instituciones en nuestra sociedad son ampliamente aceptadas, aunque si las observas desde la perspectiva de la sábana blanca y los balbuceos, no tendrían sentido si no fuera porque mucha gente participa en ellas. Imagina lo que pasaría si no hubiera universidades y yo me acercara a ti en la calle y te dijera que me dieras mucho dinero durante cuatro años mínimo. A cambio te daría clases de temas que jamás has escuchado, y si pasas las pruebas suficientes, al final te daría un pedazo de papel con tu nombre y, digamos, la abreviación "Lic." al lado. ¿Te parecería razonable?

Una vez escuché a un gurú hindú dar una parábola que describía la historia del banco.

Un hombre estaba sentado y miraba la vida pasar desde su puerta. De repente, tuvo una visión que consistía en cinco letras: B-A-N-C-O. Así que tomó un pedazo de gis y escribió las letras en su puerta principal. Poco después alguien vino y le dio dinero. El hombre estaba sorprendido y perplejo, así que puso el dinero en una caja muy grande. Todo el día la gente siguió dándole dinero y el siguió perplejo y metiendo el dinero en la caja. Al final del día, el hombre entró en su casa, tomó todo el dinero que tenía bajo su colchón y lo puso en la misma caja.

El gurú contó la historia para advertir a sus seguidores sobre los falsos profetas y la ilusión. Plantea que si suficiente gente hace algo, eso deja de ser una locura y se vuelve una norma aceptada. El famoso tulipán, el mercado de valores, el punto-com y la burbuja inmobiliaria son justo la punta del iceberg de este tipo de comportamiento borrego. Por desgracia esta tendencia a reetiquetar la locura como algo normal no sólo se aplica a las situaciones financieras, también está en el centro de los conflictos políticos y sociales más grandes del mundo.

En muchos de los problemas entre los individuos y naciones, cada lado de la historia parece tener razón y justifica lo que hacen como respuesta. Hay algo interesante que a menudo pasa desapercibido: la justificación depende de dónde empieza la historia. A esto lo llamo cuestión de puntuación y, aunque los belicosos lo ignoran, es de suma importancia.

La historia es un flujo en movimiento, para fines prácticos (fuera de nuestras vidas individuales) no tiene principio ni fin. Así todas las historias que se cuentan con un principio son distorsiones de lo que ha pasado. La historia empieza a tomar color de manera que justifica la posición del narrador. La matanza actual entre musulmanes e hindús no la inició el que lanzó la primera piedra después de la división del subcontinente indio. El problema en tu matrimonio no empezó cuando tu esposa salió con su exnovio o cuando tu esposo no limpió el garaje. Al decidir dónde comenzar la historia o marcar la época, le das cierto significado. Al cambiar la puntuación, puedes convertir al héroe en villano y viceversa.

El problema es que la mayoría de nosotros estamos demasiado ocupados buscando todas las sábanas balbuceando a nuestro alrededor. Si esto es lo que vemos, se vuelve muy difícil notar que nosotros y nuestros compañeros no estamos actuando como seres autónomos, sensatos y razonables.

En muchas formas nuestra autoimagen se relaciona con lo que elegimos como identidad. Seguido nos aferramos a ciertas cosas tan fuerte que perdemos nuestra autonomía y nos convertimos en marionetas. Éstas deberían estar en tu lista de "cosas que son demasiado obvias o triviales". Si estás dispuesto a cortar los hilos del titiritero, mientras todavía te aferras a tu identidad, tal vez te liberes para reescribir tus conflictos con una puntuación diferente.

A VECES TIENES QUE METER LA PATA

En algún punto a lo largo del camino, todos metemos la pata. Algunos nos equivocamos más que otros; simplemente pasa.

Puedes falsear algo en un currículum y te cachan. Dices algo insultando a tu jefe y descubres que te estaba escuchando. Aceptas un crédito para algo que en realidad era la idea de alguien más. Llegas tarde a tu trabajo, entras a hurtadillas y pretendes que has estado ahí todo el tiempo.

He aquí un ejemplo: los presidentes Richard Nixon y Bill Clinton metieron la pata, aunque el "pecado" original no fue el verdadero problema, sino las mentiras que dijeron después. Si hubieran confesado, sus problemas habrían pasado al olvido más rápido. En vez de eso recordamos "no soy un criminal" y "no tuve relaciones sexuales con esa mujer" como frases clave.

Las mentiras pueden aumentar. Dices una y luego debes decir otra para tapar la anterior. Cuando te sientas acorralado, hay una solución: ¡Di la verdad! Es incómodo y puedes meterte en un problema, aunque es casi seguro que será mejor que empeorar las cosas mintiendo otra vez.

Cuando te atrapen con las manos en la masa, no la encubras... mejor confiesa.

A veces estamos tan atrapados en las minucias de nuestras vidas que olvidamos dar un paso atrás y ver las posibilidades más grandes que tenemos frente a nosotros. Si has seguido un camino conservador, ¿por qué no darte la oportunidad y variar por un tiempo? Cambia tu entorno, agrégate al plan loco de un amigo, vete a hacer un viaje por todo el país. Aprende de las comunidades diferentes a la tuya y descubre dónde te ajustas mejor. Recuerda que el verdadero "panorama general" es éste: no te llevas nada al morir, así que debes pasar tu tiempo en la Tierra experimentando todo lo que puedas, en vez de estancarte, bloquearte y acumular.

10. Haz que triunfar se convierta en un hábito

El endurecimiento de categorías lleva a una enfermedad en el arte.

KENNETH SNELSON

Tomé la postura de que la vida es básicamente una actividad de resolución de problemas y puedes aprender a mejorar tanto el resultado como el proceso. Mi objetivo con este libro es darte herramientas y conceptos para conseguir una vida más plena, más productiva y más satisfactoria.

Los problemas son buenos para ti

La palabra *problema* tiene connotaciones negativas. Implica que hay algo mal que necesita ser arreglado. Pero, si un conflicto se toma como una oportunidad, entonces se convierte en algo positivo, y la resolución de problemas se puede reconocer como una de nuestras fortalezas básicas.

Algunos individuos iluminados ven todas las dificultades como oportunidades. Pero no tienes que esperar el entendimiento para darte cuenta de la influencia positiva que los problemas tienen en tu vida, sólo piensa en tus experiencias. Cuando estoy trabajando en algún problema, a veces éste toma el control de mi vida. No puedo dormir y me levanto temprano pensando en cómo lidiar con él.

En su clásica novela rusa del siglo XIX, Ivan Goncharov creó el antihéroe Ilya Ilyitch Oblomov, la máxima materialización de una persona superflua. Oblomov es incapaz de tomar decisiones o de emprender cualquier acción significativa. No tiene problemas reales, así que es raro que deje la cama. De hecho, no sale del lecho en las primeras 150 páginas de la novela. Es una historia ficticia que, en su época, fue pensada como una parodia de la vida de un aristócrata holgazán. Para mí representa un retrato de lo que pasa en una vida sin conflictos. Reafirma mi experiencia de que los problemas, así como el trabajo satisfactorio, son regalos que ofrecen un vehículo para el desarrollo natural de las fuerzas que nos dan vida.

Entonces, ¿qué son los problemas?

Uso la palabra *problema* para describir cualquier situación que queremos cambiar. Es normal que se exprese con preguntas ("¿cómo obtengo el trabajo?") o con declaraciones ("no puedo pagar la universidad"). Por lo general, queremos lidiar con un conflicto para realizar un cambio positivo en alguna situación.

La vida consiste en resolver una serie de problemas. Casi todos somos buenos en eso. Aprendemos de la repetición, y en gran medida no estamos conscientes de nuestras habilidades. Todos los días, la mayoría de las personas se visten de manera adecuada, van a sus destinos y cumplen tareas básicas como alimentarse, todo esto dentro de sus límites ambientales, culturales y económicos.

Además de esta oleada diaria de éxito, también encontramos fracasos y frustraciones. Todos tenemos problemas sin resolver en nuestras vidas. Hay personas y situaciones que nos molestan. Muchas veces es fácil resolverlos aplicando las simples técnicas descritas en el capítulo 3. He usado estas estrategias en mi vida y las he compartido con muchos grupos alrededor del mundo.

Si replanteas tu problema, aparecen muchas opciones posibles y, con frecuencia, el camino para llegar a una solución se vuelve obvio. Cuando tienes una imagen clara de lo que quieres lograr, hay varias formas de trabajar con los detalles.

Haz un prototipo de tu camino hacia el éxito

Un *prototipo* es un modelo creado para mostrar o probar un concepto, algo de lo cual se puede aprender. En la resolución de problemas, incorporar prototipos en tu proceso es una forma excelente para avanzar.

Al empezar el proceso de resolución de problemas es mejor pensar en los prototipos como objetos de entrenamiento, ideas o declaraciones hechas para medir la reacción de la gente ante tus ideas. No es necesario que sean objetos físicos, más bien son cualquier cosa que brinda información: conversaciones, borradores, películas cortas, sketches, materialización física de problemas sociales o personales, o modelos físicos de objetos. No tienen que *lucir* o *funcionar* como la solución final.

En la cultura del prototipo, las cosas siempre se prueban. El camino a la solución final está lleno de ideas que se materializan en prototipos para obtener información, indicaciones por dónde seguir, saber cuáles ideas hay que modificar y cuáles desechar. Hacer modelos es una forma grandiosa de mostrar lo que tienes en mente y así obtener retroalimentación. Cuando el resultado del prototipo es un objeto físico, por lo general es mejor que no sea muy valioso. A veces se usa el término *maqueta* para describirlo en su primera etapa (creo que *basura* sería mejor).

Es tu turno

La próxima vez que te pidan hacer algo, no pierdas mucho tiempo pensando. Sólo pon manos a la obra. Toma la primera idea que te venga en mente y haz un prototipo rápido (tipo "basura"). Luego piensa en lo que aprendiste de esto. Si tienes el valor, muéstralo a la gente y escucha lo que tiene que decir.

En la *d.school* y en nuestros programas de diseño en Stanford, hacer modelos es una forma de vivir. También para nuestros vecinos, la consultoría de diseño IDEO. Entre Stanford e IDEO, he visto miles de ejemplos de prototipos. La mayoría fueron muy útiles y algunos se volvieron icónicos. En mi clase "Diseño Transformativo", un equipo de tres estudiantes quería mejorar la experiencia de los pacientes en el área de urgencias del Hospital de Stanford. En particular les interesaba el trato en la sala de espera. Prepararon una visita para observar y entrevistar a los pacientes. Por desgracia, un día antes, les revocaron el permiso debido a un tema de privacidad de los pacientes.

Decididos, los estudiantes pensaron en un prototipo que funcionara como una sala de emergencia. Lo diseñaron creando una similitud entre la necesidad de orinar y la de tratamiento médico de emergencia. Invitaron a un grupo de amigos y les pidieron asegurarse de no haber orinado en varias horas. Cuando llegaron, les ofrecieron bebidas y les negaron el acceso al baño. Después de un tiempo abrieron el sanitario, pero las personas que querían usarlo tenían que pasar a una sala de espera hasta que fueran llamados.

No los llamaban de acuerdo con la hora en que llegaban a la sala de espera, sino con lo mucho que habían bebido. En la analogía de los estudiantes, mientras más bebiera una persona, más grande iba a ser su necesidad de tratamiento médico, y primero dejaban pasar al baño a aquellos que habían bebido más. Este prototipo arrojó importantes conocimientos sobre informar mejor a los pacientes y obtener su comprensión cuando ven a otros pasar fuera de su turno mientras esperan en la sala de urgencias de un hospital.

Hacer prototipos como éste te permite superar la fase cerebral de cómo-podría-ser y llegar a la realidad de la resolución del problema.

En otro caso, unos diseñadores hicieron un video para mostrar cómo funcionaría una aplicación de *smartphone* propuesta para niños. Al usarla, los pequeños tocarían la pantalla para animar criaturas. El video mostraba a un hombre en lugar de las criaturas.

¿Grabaron el video usando la aplicación? ¡No! El prototipo sólo era un pedazo de cartón en forma de pantalla con una persona real del otro lado. La persona se movía en respuesta a la mano del usuario que pretendía tocar la imitación de pantalla.

De esta manera los diseñadores pudieron probar y demostrar diferentes ideas sin necesidad de crear la figura animada y los programas necesarios para controlarla. Esto llevó a la creación de *Sesame Street's Elmo's Monster Maker*, una aplicación para niños muy exitosa.

En estos ejemplos se hizo un modelo de la idea básica, el concepto detrás de las eventuales soluciones. Éstos se llaman *prototipos conceptuales* (contrarios a los *prototipos funcionales*, que se hacen para probar el funcionamiento real de la solución). Como los prototipos pueden ser objetos físicos, bocetos, videos, conversaciones o cualquier objeto de prueba, el punto principal de hacerlos es elegir cuál te permitirá aprender lo más posible de la manera más rápida.

Hacer prototipos tiene diferentes propósitos, dependiendo de dónde estamos en el proceso de resolución. Dividamos este proceso en tres etapas. En la primera los usamos para *inspirar* un buen concepto (con frecuencia a éste se le llama *prototipo de concepto*). La segunda es para *desarrollar* la solución (éste es un *prototipo de viabilidad*). La última fase es para validar que la solución en realidad va a funcionar como se espera (éste es el *prototipo funcional*). Por ahora he hablado principalmente de la primera etapa.

Conforme el proceso de resolución avanza, los enfoques a la solución final se vuelven más exactos y los prototipos tienden a ser ensayos generales del producto final.

Aunque es raro que pensemos en términos tan formales cuando lidiamos con asuntos personales, estos mismos conceptos de prototipos aplican para la mayoría de los problemas. Para cada conflicto debes estar inspirado para encontrar una idea de solución, desarrollar sus detalles y validar qué funciona. En tu vida cotidiana puedes mostrar un borrador de una carta a alguien o sólo pedir consejo sobre algo que planeas. Al hacer esto, también estás haciendo prototipos. Tener esto en mente es de gran utilidad cuando enfrentas un proyecto que sigues postergando. Si has tenido una idea por mucho tiempo para un guion o si quieres diseñar un vestido, no quedes atrapado en cómo lo vas a hacer bien. Eso es lo que causa que muchas personas se apaguen y nunca comiencen. Evita el deseo de perfección desde el principio. En lugar de eso, piensa en hacer un prototipo de tu guion o del vestido. La versión final puede venir después.

CONCÉNTRATE

Al resolver problemas, como en todas las facetas de la vida, a veces las cosas salen muy mal. Cuando esto pasa, tendemos a no responsabilizarnos de lo que salió mal. Una forma común de evitar la responsabilidad es etiquetando los errores como *accidentes*.

Mi actividad atlética principal es el ciclismo. Soy muy afortunado de poder ir en bicicleta al trabajo todos los días. También tengo un grupo de amigos con los que salgo a pedalear los sábados y varias veces al año hacemos largos viajes. Este ritual lleva treinta años y en ese tiempo he visto muchos accidentes. Por desgracia, también he sufrido algunos. Pensando en ellos me doy cuenta de que casi todos tienen una causa común: perder la concentración. Yo (o alguien más) no estaba prestando atención.

Mis dos peores accidentes son ejemplos clásicos. En el primero, habíamos pedaleado cerca de cincuenta kilómetros de la Universidad de Stanford hasta San Francisco. El plan era tomar el tren de regreso. Cuando ya veíamos la estación de trenes, sentí que el viaje había terminado y comencé a pensar en una presentación que había programado para esa tarde. Perdí la concentración. De repente mis llantas se atoraron en unos rieles y caí en medio de una intersección llena. Por fortuna ningún carro me golpeó, aunque terminé muy magullado y ensangrentado.

Si hubiera puesto atención, con facilidad habría pasado los rieles en ángulo como el resto del grupo. Después de este incidente prometí siempre concentrarme en el camino cuando estoy en la bicicleta.

Daré un salto rápido a fechas más recientes. Hace algunos años, en el paseo de los domingos, un compañero me platicaba sobre un viaje a India que se aproximaba y nos estábamos quedando detrás del resto del grupo. Cuando terminamos la conversación, quería recomendarle un cambio en su itinerario. De momento no recordaba el nombre de "esa linda ciudad al sur de Bangalore". Comencé a pedalear más rápido para alcanzar al grupo, pensando en India y buscando en mi cerebro el nombre que había olvidado. De repente golpeé lo que parecía ser una pared de un metro de alto. Mi bicicleta giró 180 grados y aterricé con la cabeza y los hombros en medio de la calle. El compañero con el que estaba hablando, de inmediato paró el tráfico, después me sacaron del camino con el casco destrozado, un hombro dislocado, y la cabeza y cara ensangrentadas. Ah, cierto, el nombre de la ciudad era Mysore, es un tipo de justicia poética ¿no crees? (*Mysore* significa "mi dolor").

La pared de un metro con la que pensé que había chocado en realidad era una banqueta triangular de ocho centímetros de alto que dividía el tráfico en una intersección. Había rodeado esta isla sin problema casi cada domingo durante treinta años. Así es, había roto mi promesa de no desconcentrarme.

Poner atención es muy importante en muchas partes de tu vida, aunque no hagas ciclismo, te mantendrá a salvo. No hablo sólo de manejar un carro, patinar, pilotear un avión, correr, caminar u otras formas de actividad física, esto funciona en todos los aspectos de tu existencia. Así como le das el significado a la vida, igual se lo das a todas las actividades. Si no te concentras en las actividades físicas, emocionales e intelectuales, también te puedes estrellar con la pared de un metro de alto, incluso si has pasado a salvo por ahí muchas veces. No puedo llamar "accidente" a un error así.

No es por ti

Otra causa por la que las cosas nos salen mal en la resolución de problemas y otros aspectos de nuestras vidas cs que tendemos a exagerar nuestra importancia en las vidas y acciones de los demás. Debemos darnos cuenta de que a los demás no les preocupa nuestro peinado o lo que vestimos, están muy ocupados en ellos como para ponernos mucha atención. La gente se preocupa principalmente de sus trabajos y problemas, no de los tuyos. Aun así, muchos creemos que somos la causa principal de las acciones de los demás.

Un modelo más realista es la frase: "Esto no es por mí". Con frecuencia me doy cuenta de que cuando pensaba que era la causa por el comportamiento o humor de otra persona, después resultaba que sus acciones no tenían nada que ver conmigo. Hace poco, necesité un recordatorio de esto cuando hice un viaje al extranjero.

Daría una serie de conferencias en Santiago y después un taller de cinco días en un barco al sur de la costa de Chile. Ruth no estaba contenta por quedarse sola dos semanas. Aunque me fui sintiéndome un poco molesto, y nuestra separación estuvo tensa, no estaba muy preocupado por ella.

En cuanto llegué a Chile, le mandé una serie de correos. Después de tres días sin respuesta, supuse que estaba enojada conmigo. Así que la llamé pensando que hablando de manera directa sería la mejor forma de aclarar las cosas. No contestó el teléfono. Le dejé un mensaje de voz pidiéndole que me devolviera la llamada. Repetí esto cuatro veces. No me devolvía las llamadas. Seguro estaba colérica. Llamé a nuestro hijo Elliot y le pedí que se comunicara con ella (siempre respondía cuando él le llamaba). Al decirme que tampoco le había contestado empecé a preocuparme mucho.

Le pedí a Elliot que contactara a los amigos de Ruth. Los que respondieron no sabían dónde estaba. Por un vecino supo que su carro estaba en la casa. El vecino entró a la casa y todo parecía normal, pero no había señales de ella.

Faltaban unas horas para volar al sur desde Santiago y tomar el barco. Debía decidir si cancelaba el viaje y volaba de regreso a casa. Al final, en el último minuto, Elliot la encontró. Estaba enferma y un amigo la había llevado al hospital.

Ruth nos había mandado correos todo el tiempo y se preguntaba por qué nadie contestaba. Después descubrió que no había mandado ni recibido nada porque no se conectó bien al internet del hospital con su nuevo *smartphone*.

Para cuando regresé a casa, Ruth ya se había mejorado. No estaba molesta conmigo. Si hubiera recordado el mantra "esto no es por mí", me habría evitado los malos entendidos.

Es tu turno

La próxima vez que pase algo donde pienses que las acciones de las personas están relacionadas con algo que hiciste o no, repítete: "Esto no es por mí". Después observa cómo te sientes y, si es posible, cómo se sienten los demás.

Motivación

La motivación está en el centro de la resolución de problemas. Una vez regresé a Stanford después de pasar casi un mes dando conferencias en China. Estaba delante de un salón el primer día del trimestre, viendo un grupo de graduados "decidiendo" qué clases tomar. Era mi trabajo motivarlos para sentarse durante diez semanas en mi clase. Me pasó por la mente una pregunta del cuestionario que se les pediría llenar al final del curso: "En escala del 1 al 5, ¿el maestro me motivó para hacer mi mejor trabajo?"

En nuestro sistema, depende del maestro motivar a los estudiantes. Si no lo logro, no estoy haciendo bien mi trabajo. Por primera vez me pareció absurdo que yo tuviera que estimular a estudiantes graduados. Durante mi viaje en

China, conocí gente muy motivada a aprender. Había un claro contraste entre esa experiencia y lo que estaba viendo.

Mi viaje fue poco después de la normalización de relaciones diplomáticas entre la República Popular de China y los Estados Unidos. Había un gran interés en la sociedad china por aprender inglés. Sin importar en qué ciudad estuviera, cada vez que salía del hotel había personas esperando afuera que querían practicar. Estaba cautivado por su entusiasmo por aprender y a veces terminaba sentado en la calle corrigiendo pronunciación mientras muchas personas leían en voz alta para mí.

Años después, cuando empecé a participar en el festival Burning Man, de nuevo me sorprendió el poder de la automotivación. Fui testigo de miles de personas que invierten incontables horas de labor (y en algunos casos, mucho dinero) para crear cosas sin valor comercial. Lo hacían por satisfacción personal y para el entretenimiento de sus amigos, pensaban que lo que hacían era genial y estaban orgullosos de presumirlo. De nuevo pensé en el contraste de mi experiencia como profesor.

Los sistemas de educación tienden a usar recompensas como motivadores. La más inmediata es una calificación. Cuando obtienes cierto número de ellas, consigues el premio final del sistema: un título. El problema es que las recompensas son extrínsecas, no intrínsecas. Para muchos estudiantes conseguir un título es como obtener una herramienta; es como trabajar toda la semana en un empleo odioso sólo para conseguir dinero suficiente y divertirse el fin de semana. El sistema no les da las herramientas para automotivarse. Quizá provee modelos heroicos, pero por desgracia, para la mayoría de los estudiantes estos modelos representan un estilo de vida inalcanzable que sólo se admira desde lejos. Sin importar qué tan altas sean sus calificaciones, su educación los puede dejar con una falta de concentración, de dirección y de confianza.

Muchas personas que se gradúan no están seguras de poder hacer algo. El sistema no está dirigido a llevar su crecimiento al punto donde desarrollen la motivación intrínseca. Con frecuencia no les da la oportunidad de hacer algo que les interese y que sientan que es importante.

Descubrí que el aprendizaje basado en proyectos incrementa la motivación intrínseca. Mi experiencia con la estimulación de estudiantes viene de mi trabajo en una universidad de élite. En los años que hacíamos el taller de creatividad de dos semanas, con frecuencia escuchábamos: "Bueno, eso lo puedes hacer en Stanford, pero no sabes lo imposible que sería en mi escuela". Después del primer año, encontramos una forma de contestar a esa preocupación. Hacia el final de la primera semana proyectábamos una película llamada *Con ganas de triunfar*, basada en la historia real de un profesor de matemáticas de secundaria, Jaime Escalante. Muestra cómo consiguió resultados extraordinarios al motivar estudiantes de bajo rendimiento y con limitantes económicas en la secundaria Garfield High, una escuela en un barrio marginal de mayoría hispana en el este de Los Ángeles.

Todo estaba contra Escalante. Al principio la administración de la escuela se opuso a él, los estudiantes tenían poco apoyo familiar. No había modelos positivos, y la escuela tenía recursos muy limitados. Lo único que tenía era su motivación para conseguir el éxito de los jóvenes. Determinado a cambiar el *status quo*, Escalante convenció a los primeros estudiantes que lo escucharon decir que podían tener el control de su futuro con la educación adecuada, y los inscribió en una nueva clase de cálculo. Al final creó un programa de matemáticas con el que cada año, casi todos sus estudiantes pasaban la difícil prueba *Advanced Placement Calculus*.

Esta película es un drama que vale la pena ver. Sirve a nuestro propósito de inspirar y motivar a los asistentes de nuestro taller y hará lo mismo para ti. El mensaje con el que salen es: si Escalante triunfó en circunstancias mucho más difíciles de las que yo enfrento en la vida, no me puedo esconder detrás de la excusa de que mi ambiente no ayuda en lo que quiero lograr.

Sé la parte activa

La historia de Escalante no sólo se trata de educación, así como mis vivencias en China y Stanford no sólo se tratan de enseñanza. Las tres hablan de la experiencia humana; son relevantes para todas las interacciones personales y los caminos de la vida. Son importantes para las situaciones y negocios familiares, las *start-ups* y hasta para las corporaciones grandes. No importa en qué laboras o cuál es tu título; todos enfrentamos los mismos problemas para conseguir el trabajo hecho y una vida satisfactoria.

Ser la "parte activa" significa responsabilizarte por completo de lo que sea que estés enfrentando y de todo lo que pasa en tu vida, incluso cuando parezca que no puedes controlar las cosas. Es una declaración de decisión: en vez de actuar el papel de protagonista pasivo de tu vida, eliges encargarte de tu futuro. Resuelves lograr que se hagan las cosas, sin importar lo que cueste, ni cuantas "razones" válidas aparezcan.

En un viaje bastante largo por China, noté que las ventanas del tren estaban sucias. Podía quejarme o enojarme. En vez de eso, durante una parada bajé del tren, fui a buscar una cubeta con agua y las lavé. Decidí ser la *parte activa* de mi viaje. Si te pierdes las oportunidades porque estás esperando que alguien más actúe, considera cuánto poder te ofrece hacerte responsable de tus propias experiencias.

Incluso si no nos conocemos, este libro es sobre ti. Al contarte mis historias, espero motivarte para que observes tu vida de una forma honesta y abierta. Supongo que al apuntalar todo estarás dispuesto a examinar tus propias experiencias y harás las correcciones deseadas para tu historia futura.

Este libro te ha dado muchas herramientas y conceptos. Sólo serán valiosos si les das una oportunidad. No los juzgues de antemano. No importa si piensas que son grandiosos o no. Lo que importa es si prueban ser valiosos en tu vida. Adopta una actitud de disposición para dar a las cosas una oportunidad; permítete probarlas y ver lo que pasa sin pensar que ya sabes el resultado. Para validar las cosas necesitas ponerles atención.

La atención empieza por notar tus comportamientos e interacciones. Fíjate en ti y en la gente con la que te relacionas. ¿Qué sirve? ¿Qué no? ¿Qué podría mejorar? Luego prueba los diferentes ejercicios y herramientas de este libro insertándolos en tus interacciones cotidianas. Empieza con uno, y poco a poco ve agregando los demás.

Por ejemplo, fíjate cómo usan las razones tus amigos y tú. Después disminuye su uso. Sólo di lo que quieres sin justificarte. Modifica tu forma de hablar hasta que estés casi libre de razones.

Después nota cuánto de lo que piensas y dices es una proyección. Atrápate proyectando. Invierte el sujeto y el objeto de tus pensamientos o discurso. Sé consciente de cuál versión se acerca más a la verdad.

El ejercicio de proyección no funciona si no eres honesto contigo. Cuando uno de mis estudiantes comentó que el ejercicio no servía, le pedí un ejemplo. Me dijo que no funcionaba invertir el siguiente enunciado: "Estoy escuchando a este aburrido profesor. Habla y habla y no dice nada". Le indiqué cambiar el sujeto y el objeto. Respondió: "Él está escuchando mi aburrida plática. Hablo y hablo y no digo nada".

Le pregunté si esto no le revelaba algo de verdad. Respondió: "No". Hubo un sonido casi audible de risas contenidas en el salón, los otros estudiantes no podían creer que dijera "no". Para todos nosotros, la proyección parecía 100 por ciento correcta. Por lo general, este estudiante llegaba a clase mal preparado y para disimularlo hablaba y hablaba, repitiendo los mismos comentarios sin sentido hasta que encontré una forma de interrumpirlo. Es claro que no estaba dispuesto a decirse la verdad cuando vio la inversión del enunciado. Describía su comportamiento perfectamente. Después de trabajar con él por un rato, sonrió y admitió que quizá debía reflexionar en el ejercicio de proyección.

Por desgracia no estaré auxiliándote para que seas honesto. Necesitas hacerlo solo. Créeme, el ejercicio de proyección funciona. Si te sirve, quizá no estás dispuesto a ver la verdad. Prueba con ligeras variaciones en la redacción. Si sigue sin funcionar, imagíname detrás de ti diciendo: "Di la verdad". Si de todos modos no sirve, piensa que te grito: "¡Es basura! ¡Estás diciendo pura basura!"

Cuando encuentres el truco y entiendas bien cómo notar el uso de razones y proyecciones, pasa a lo siguiente: reduce el número de veces que usas *pero* y en su lugar empieza a usar *y*. Luego sigue con alguno de los otros ejercicios de este libro.

Al estar informado con tus conocimientos, entendimientos e intenciones claros, puedes usar las herramientas de este libro para modificar tu comportamiento. Con el tiempo pensarás que lo estás haciendo perfecto. Ahí es cuando necesitas volver a revisar los ejercicios. Regrésate hasta el principio y sigue mejorando. Esto te mantendrá ocupado hasta el día de tu muerte. Es un trabajo continuo. Es mejor pensar en el contenido de este libro como un tónico que necesitas tomar con regularidad, o al menos una dosis cada temporada (como las aplicaciones anuales para prevenir la gripa). Una sola sesión no servirá para inocularte de por vida.

Te hablaré de mi experiencia.

Estaba en mi año sabático en Suecia. Durante el día, dirigía talleres de solución creativa de problemas usando muchas de las técnicas descritas en este libro. Por la noche no podía dormir, me preocupaba decidir si debía retirarme porque estaba cerca de alcanzar la edad normal para la jubilación. En medio de una sesión, me di cuenta de que no aplicaba lo que enseñaba a mi propio problema.

Esa noche me pregunté: ¿Qué pasaría si me retiro?

La respuesta fue: dejaría de preocuparme sobre si me retiro o no. De repente me di cuenta de que había pasado seis meses pensando en el problema equivocado. Ahora tenía la pregunta verdadera: ¿Cómo dejo de preocuparme sobre el retiro? La respuesta era obvia: Deja de pensar en eso. Ahora, casi quince años después, puedo decirte que desde aquella noche nunca he vuelto a pensar en eso.

En verdad me siento estúpido por desperdiciar seis meses en algo que en realidad no me importaba ¡y que lo hacía mientras enseñaba a otros cómo encontrar la pregunta correcta!

Sé más inteligente que yo. Date cuenta de que tu mente es más astuta de lo que piensas y siempre está jugando con tu ego para hacerte creer que estás haciendo las cosas mejor de lo que en realidad lo estás. Así es la condición humana. Lo que buscas, si te decides, es ser consciente en controlar tus intenciones y tu atención para mejorar tu vida Puedes elegir ser el *agente activo* de las circunstancias de tu vida y tener el hábito de triunfar para tener una vida más funcional y satisfactoria.

Espero que este libro contribuya a esos nobles objetivos.

Agradecimientos

Escribir este libro resultó un placer inesperado. El contenido es parte de mi vida y en últimas fechas sentí el deseo de compartir estas ideas con una audiencia más grande. El material se ha generado a lo largo de los años y estoy seguro de que todas las fuentes e influencias que guiaron este libro no serán recordadas o reconocidas con la propiedad que merecen. De todos modos, he aquí la forma en que recuerdo las principales discusiones que lo generaron.

En la Universidad de Stanford, uno de mis primeros amigos fue Bob McKim. Él tenía conexión con Mike Murphy, un graduado de Stanford y fundador del Instituto Esalen en Big Sur. Mike le pidió a Bob que organizara a un grupo de maestros en Stanford para hacer unos talleres muestra de un fin de semana en Esalen, y yo estaba incluido. Esa fue mi primera experiencia, digamos mi introducción, al movimiento del potencial humano. A partir de ahí se formó un programa Esalen en Stanford que consistía en talleres de fin de semana en el campus de Stanford guiados por gente de Esalen.

Un fin de semana en Esalen conocí a Doug Wilde, un famoso profesor de ingeniería química. Él y su esposa Jane vivían en una de las residencias estudiantiles de Stanford. Doug me invitó a afiliarme al cuerpo docente de su residencia y sugirió que diéramos una clase juntos titulada "Laboratorio de gente dinámica". Esto sería una clase "laboratorio" experimental construida en torno al programa Esalen en Stanford. Los estudiantes en la clase debían asistir a algunos de los programas de fin de semana, y las sesiones estarían basadas en esas experiencias.

Cuando empezamos a dar clases, asistí a innumerables talleres de fin de semana. Tenía una afinidad natural con el contenido y pronto dirigí clases sin depender del programa Esalen en Stanford, el cual terminó después de algunos años. Bob Mckim y Doug Wilde son las primeras personas a quienes quiero agradecer: sin su amistad e iniciativa, este libro no existiría. Gracias a Fritz Perls, Will Schutz y otros dirigentes de los talleres de Esalen de quienes aprendí el oficio, aunque la mayoría ya no siguen vivos. También quiero agradecer a John O. Stevens por escribir un libro sobre los ejercicios usados en los talleres Esalen que es un tesoro escondido y me fue muy útil al principio de mi viaje por esta labor.

Después de algunos años creé una versión para graduados del "Laboratorio de gente dinámica". Mi memoria es vaga en la transición así que cuento la siguiente historia: mi amigo Jim Fadiman dijo que yo era esquizofrénico y debía elegir entre mis actividades y compromisos de ingeniería, potencial humano o política. Aunque Jim era psicólogo, le respondí que estaba equivocado y que los tres intereses eran expresiones alternas de mi personalidad. Además, le demostraría que estaba mal y crearía un curso que combinara las tres. Lo llamé "El individuo y la tecnología". Jim no se acuerda y yo no estoy seguro si así pasó en realidad, pero de todos modos quiero agradecer a Jim por tantos años de amistad y compañerismo.

Mucho tiempo después, le puse un nuevo nombre al curso: "El diseñador en sociedad". Agradezco a todos los estudiantes que participaron en él, aunque no tenga sus nombres. Algunos se volvieron grandes amigos; otros sólo nos reunimos en raras ocasiones. Estoy muy agradecido con todos cuando me dicen que alguna experiencia del curso ha sido un tesoro en su vida a través de los años. Esos encuentros tocaron mi corazón y fueron una gran inspiración al escribir este libro.

También estoy agradecido con Bob McKim por otro tema importante: me introdujo a los talleres del este y me presentó al fundador de su organización, Werner Erhard. Aprendí mucho de él y de su trabajo. Fue como darle un marco teórico a todos los fragmentos que había experimentado de Esalen. También me beneficié codirigiendo muchos talleres con Werner y sus asociados. Hace tres años participé en la dirección de uno en conjunto con Werner, Michael Jensen y Kari Granger. Habían pasado veintidós años desde la última vez que trabajé con Werner. Esta experiencia me trajo un entendimiento renovado de lo mucho que su estilo y contenido influyeron en mi manera de enseñar. Estoy muy agradecido por sus enseñanzas y amistad.

Lynn Johnston fue más que un agente literario, me ayudó a reformar un manuscrito laberíntico en un trabajo con un punto de vista diferente. Sin ella este libro habría sido publicado con un enfoque mucho menor. Trajo su profesionalismo y pasión al proyecto y le tengo una profunda deuda de gratitud por su compromiso y experiencia. Trabajar con ella ha sido un tesoro.

También fue maravilloso trabajar con Jenna Glatzer, mi editora de contenidos. Siempre estaré agradecido por tener acceso a su guía experimentada y habilidades profesionales. A pesar de tener una agenda muy ocupada, siempre encontró el tiempo para darme la orientación que necesitaba. Sus amables y reflexivas contribuciones aparecen a lo largo de este libro.

Gracias a mis colegas de la facultad en el Grupo de Diseño de Stanford por todos estos años de compañerismo y el apoyo que dieron a mi trabajo. En especial a Sheri Sheppard por darse el tiempo para leer los dos borradores de los primeros capítulos de este manuscrito. Gracias en particular a Dave Kelley por invitarme a ser parte de la creación de la *d.school* y su permiso para usar el icónico mapa mental que hizo al principio de nuestra travesía.

En la *d.school* fui bendecido con colegas que leyeron mi manuscrito y me aportaron sugerencias estructurales que fueron muy útiles (¡incluso cuando se contradecían entre sí!). En este sentido quiero agradecer a Thomas Both, Scott Doorley, Perry Klebahn, Adam Royalty y Jeremy Utley. Emi Kolawole fue más allá del llamado del deber y me dio unas amplias ediciones de lenguaje que hicieron este libro más fácil de leer, le debo mucho. De manera generosa, Caitria O'Neill me puso en contacto con un editor. También gracias a Sarah Stein Grenberg por su gran apoyo para mi proyecto de escribir un libro.

Quiero mencionar de nuevo a Thomas Both y agradecerle por su extraordinario trabajo al crear las ilustraciones y la cubierta en un plazo muy corto. Aunque tuve su apoyo a lo largo de todo el proyecto, este nuevo papel le exigió tiempo y talento más allá de lo razonable. Mi más profundo agradecimiento por apoyarme con tal disposición en el momento que más lo necesitaba.

Thomas Both creó una portada alternativa a partir de un prototipo del editor. Al desarrollar el diseño de las cubiertas involucró a Scoot Doorley, Charlotte Burgess Auburn y Stacey Gray como sus asesores principales. Además, recibió el consejo invaluable de Justin Ferrell, Chris Flink, Ashish Goel, Mark Grundberg, Seamus Harte, Emi Kolawole, Danielle Kraus y Erik Olesund. Gracias a cada uno.

Bill Scott hizo los bocetos para las ilustraciones y una cubierta, y ofreció consejos de consideraciones estéticas para el primer borrador del manuscrito. Durante las reuniones, él y su perro nos divertían mucho. Muchas gracias porque a pesar de su ocupada agenda, generosamente se dio el tiempo para donar su talento y conocimiento a este proyecto.

Haakon Faste hizo un considerable esfuerzo para producir una copia limpia del dibujo de Rolf Faste. Gracias por su esfuerzo y el permiso para usar el dibujo de su padre.

Ann Davidson, Elliot Roth, Marcia Ruotolo y Donalda Speight fueron muy amables en leer el manuscrito entero y aportarle correcciones detallas de estructura y contenido. También mi esposa, Ruth Roth, y su grupo de lectura me dieron sugerencias editoriales muy útiles.

Estoy muy agradecido además por cada apoyo y guía que recibí de R. B. Brenner. Gracias a Paddy Hirsh por presentarme a su agente y a Barry Katz, Tina Seelig y Doug Wilde por presentarme a sus editores. Estaré eternamente agradecido con Raju Narisetti por presentarme a Lynn Johnston. Jim Adams, Tom Kosnick, Douglas Sery, Bob Sutton y Kate Wahl compartieron sus ideas sobre cuáles vías usar para la publicación.

En HarperCollins, agradezco a mi editor Colleen Lawrie por su apoyo a este proyecto, su guía y su perfecta edición. Gracias también a Miranda Ottewell por su edición minuciosa y reflexiva.

En especial quiero agradecer a mi familia y a todos los amigos y colegas mencionados en este libro. A todos ustedes, gracias por nuestras interacciones, las cuales me dieron el contenido para este libro y han sido las bases de una vida rica y satisfactoria.

Notas

Introducción: gatos de ojos amarillos

1. El título original del curso era "El individuo y la tecnología". Cuatro años después lo revisé y le puse "El diseñador en sociedad". Ninguno de los títulos es una descripción adecuada al contenido del curso.
2. "Forget B-School: D-School is hot", *Wall Street Journal*, 7 de enero de 2012.
3. Por ejemplo, Tim Brown en su libro titulado *Change by Design* (Nueva York, HarperCollins, 2009).
4. Snell Putney y Gail J. Putney, *The Adjusted American: Normal Neuroses in the Individual and Society* (Nueva York, Harper & Row, 1964).
5. Otra versión del proceso del pensamiento de diseño usa *entender* y *observar* en lugar de *empatizar*. La parte de *definición del problema* con frecuencia se llama "punto de vista" (PDV). En este caso el proceso es: entender, observar, PDV, idear, hacer prototipos y probar.

1. Nada es lo que piensas

1. Las personas están más preocupadas con su autoimagen que con sus acciones. Revisa los experimentos reportados por Christopher J. Bryan, Gabrielle S. Adams y Benoît Monin, "When Cheating Would Make You a Cheater: Implicating the Self Prevents Unethical Behavior", *Journal of Experimental Psychology: General* 142, no. 4 (2013), 1001-5.

2. Carol Dweck, *Mindset: La actitud del éxito*, Barcelona, Ediciones B, S. A., 2007.

3. La película *Professor Poubelle* se puede encontrar en YouTube.

4. La autoeficacia se ha discutido en muchas publicaciones por Albert Bandura y sus colegas. Revisar en especial Bandura, *Self-Efficacy: The Exercise of Control.* Nueva York, W. H. Freeman, 1997.

5. Kenneth P. Oakley, "Skill as a Human Possession" en *A History of Technology*, Charles Singer, E. J. Holmyard, y A. R. Hall eds., 1: 2-3. Nueva York, Charles Scribner's Sons, 1954.

6. El doctor Rudy Tanzi recomienda estos pasos en su serie de televisión Super Brain. Revisar también su libro en coautoría con Deepak Chopra: *Supercerebro*, La esfera de los libros, 2013.

2. Las razones son basura

1. Eric Hoffer, *El verdadero creyente: sobre el fanatismo y los movimientos sociales*, Tecnos, 2009.

3. Desbloquéate

Epígrafe: Esta era una de las frases favoritas de Rolf Faste, derivada del tópico común de hacer las cosas en la cabeza. Para mí es la precaución perfecta contra la carga adelantada cuando has confundido una respuesta por una pregunta.

1. Hay muchas variantes para definir un PDV. Una de las más comunes se refiere a una frase que describe un usuario particular seguido por otra que especifica una necesidad y al final una opinión sobre qué (no cómo) necesita lograr la solución. Un ejemplo de PDV es: una pobre madre soltera necesita conocimiento financiero para aprender a usar su dinero de manera eficiente.

2. Revisar, por ejemplo, Vijay Kumar, *101 Design Methods*. Nueva York, John Wiley & Sons, 2013.

3. Hamilton escribió una carta a su hijo en la que le describía la historia de su descubrimiento: "Tu madre y yo íbamos caminando al lado del Canal Real, a donde quizá ya había ido, y aunque hablaba conmigo de vez en cuando, un pensamiento se estaba formando en el fondo de mi mente, el cual al final dio un *resultado*, de lo que no hay mucho que decir salvo que sentí su importancia de *una buena vez*". Frase tomada de una carta con fecha del 5 de agosto de 1865, reimpresa en la biografía de Hamilton de Robert P. Grave.

4. La idea de una lista individual parece surgir de John E. Arnold, profesor en el MIT y en Stanford. De hecho, él tiene un mazo de cartas hecho con ilustraciones gráficas para cada transformación. Están hechas a mano, y las usa en su clase y consultas. Al parecer no hay un producto comercial de esto.

5. S. I. Hayakawa, *El lenguaje en el pensamiento y en la acción*, México, Limusa, 1993.

5. Hacer es todo

1. La verificación experimental es difícil cuando los resultados no encajan en paradigmas existentes. Por ejemplo revisa Henry M. Collins y Trevor Pinch, *The Golem: What You Should Know About Science*, 2a ed. (Nueva York: Cambridge University Press, 2012), el cual presenta muchos estudios de caso en los que la eficacia percibida del estudio experimental depende mucho de

si concuerda con el paradigma existente. Collings y Pinch discuten algunos experimentos famosos que fueron defectivos al probar lo que estaban afirmando, aunque aceptados porque estaban de acuerdo con las creencias de su momento, y otros rechazados porque no se ajustaban al sistema de creencias.

6. Cuida tu lenguaje

1 El significado original de *prueba* significa "demuestra" no "confirma". Así que implica que una excepción es suficiente para refutar la regla. Elijo usar la interpretación donde *prueba* significa "confirma".

2 Los actores saben que es muy importante lo que dicen y la manera en que se comportan (por ejemplo su lenguaje corporal). En una entrevista en el programa *Charlie Rose*, Dustin Hoffman, ganador del Premio de la Academia, describió su frustración al dominar personajes en papeles tan difíciles como el estafador discapacitado en *Convoy de medianoche*, el hermano autista en *Rain Man* y un actor que pretende ser mujer en *Tootsie*. Estaba bloqueado en cada caso hasta el punto de querer retirarse del papel, y luego tuvo un descubrimiento gracias a ver a alguien que le inspiró el comportamiento que quería representar.

3 Thomas Gordon fue un psicólogo clínico estadounidense y colega de Carl Rogers. Es muy conocido como pionero en la enseñanza de las habilidades comunicativas y los métodos de resolución de conflictos. El modelo que desarrolló se conoce como método o modelo Gordon, y se trata de un estilo de comunicación para construir y mantener relaciones efectivas.

7. Hábitos grupales

Epígrafe: Esto es de una conversación real que tuve. Se llevó a cabo mucho antes de que Facebook, Twitter y otras redes sociales existieran. La ironía entre la actitud de Harold y la de la actual generación de adictos a las redes sociales debería ser obvia.

Temperamentalmente, estoy con Harold: Realmente no quiero que los desconocidos (y la mayoría de los amigos) sepan "mi negocio".

1. Mi colega, el profesor Douglas Wilde aboga por usar tipos de personalidades para componer equipos. Escribió tres libros para describir sus métodos, el último es: *Teamology: The Construction and Organization of Effective Teams* (Londres, Springer-Verlag, 2009).

2. Para más de Sintética revisa William J. J. Gordon, *Synectics: The Development of Creative Capacity* (Nueva York: Harper, 1961) y George M. Prince, *Práctica de la creatividad* (Editorial Diana, 1980).

3. En 2005 el Departamento de Ingeniería Mecánica creció de tres a cinco divisiones. Después el decano decidió que la palabra "división" era muy separatista, así que se cambió por "grupo". Ahora la División de Diseño se llama Grupo de Diseño.

4. Alfie Kohn hace un tratamiento exhaustivo sobre el lado negativo de usar la competencia como un motivador en *No Contest: The Case Against Competition* (Boston, Houghton Mifflin, 1986).

8. Diseño de autoimagen

Epígrafe: Esto aparece en muchas variantes de muchas fuentes. Su uso aquí no es para desalentar el correr riesgos y cometer errores, sino para recordarnos del pecado de la arrogancia.

1. Se puede encontrar un análisis más detallado sobre las etapas de la vida relacionadas con las influencias sociales que nos llevan al matrimonio en: Gail Putney Fullerton, *Survival in Marriage* (Nueva York, Holt, Rineheart y Winston, 1972).

2. Argyris es profesor de la Escuela de Negocios y Educación en la Universidad de Harvard. La cita es del artículo "Teaching smart people how to learn", *Harvard Business Review*, mayo de 1991, p. 103.

3 Para ganar confianza creativa, revisa Tom and David Kelley, *Creative Confidence: Unleashing the Creative Potential Within Us All* (Nueva York, Crown Business, 2013).

4 El Proceso Verdadero usa ensoñaciones guiadas y está relacionado con métodos de atención incluyendo algunos usados en la terapia gestalt, terapia primal, Método Silva y las prácticas de auditoría en la cienciología.

9. El panorama general

Epígrafe: Esta cita de Nietzsche se usa en el prólogo de *The Adjusted American*, escrito por Snell Putney y Gail. J. Putney. Lo uso con dos propósitos: primero, es mi homenaje a *The Adjusted American* por darme la primera motivación para este libro. Segundo, me gusta que implique que es normal para la gente tener una vida sana aunque vivamos en un mundo loco.

1 Kurt Vonnegut, *Player Piano*, Nueva York, Doubleday, 1952.

2 Harry Braverman, *Labor and Monopoly Capital* (Nueva York, Monthly Review Press, 1974).

3 Mahadev DeSai cita a Gandhi diciendo esto en Delhi en 1924. Tomé la cita del prefacio del libro: Mahatma Gandhi, *Hind Swaraj or Indian Home Rule* (Ahmedabad, India, Jitendra T. Desai/Navajivan, 1938), pp. 5-6.

4 E. F. Schumacher, *Lo pequeño es hermoso*, Akal, 2011.

5 *Ibid.*, pp. 56-66.

6 Lawrence Weschler, *Seeing Is Forgetting the Name of the Thing One Sees* (Berkeley, University of California Press, 1982).

7 La búsqueda para la autonomía personal en un ambiente hostil de producción en cadena es retratada de manera profunda en la historia "Joe, the Vanishing American" de Harvey Swados (1957). Este y otros cincuenta y cuatro escritos clásicos que tratan las relaciones entre la gente y las máquinas fueron publicados de nuevo en la antología de Arthur O. Lewis

Jr., titulada: *Of Men and Machines* (Nueva York, E. P. Dutton, 1963).

8   Del prefacio de Lewis Wirth al libro de Karl Mannheim *Ideology and Utopia* (Nueva York, Harcourt Brace, 1936), p. XXIV.

10. HAZ QUE TRIUNFAR SE CONVIERTA EN UN HÁBITO

Epígrafe: Rolf Faste usó una variante que me gusta más: "El endurecimiento de las categorías lleva al fracaso del arte".

Bibliografía en español

Chopra, Deepak y Rudolph E. Tanzi, *Supercerebro*, Madrid, La esfera de los libros, 2013.
Dweck, Carol, *Mindset: La actitud del éxito*, Barcelona, Ediciones B, S. A., 2007.
Goncharov, Iván, *Oblomov*, Barcelona, Debolsillo, 2009.
Hayakawa, S. I., *El lenguaje en el pensamiento y en la acción*, México, Limusa, 1993.
Hoffer, Eric, *El verdadero creyente: sobre el fanatismo y los movimientos sociales*, Madrid, Tecnos, 2009.
Kahneman, Daniel, *Pensar rápido, pensar despacio*, Barcelona, Debolsillo, 2015.
Maltz, Maxwell, *Psico cibernética: El secreto para mejorar y transformar su vida*, Madrid, Open Project, 1999.
Mannheim, Karl, *Ideología y utopía: Introducción a la sociología del conocimiento*, México, Fondo de Cultura Económica, 2004.
Prince, George M., *Práctica de la creatividad*, México, Editorial Diana, 1980.
Schumacher, E. F., *Lo pequeño es hermoso*, México, Akal, 2011.

Stevens, John O., *El darse cuenta: sentir, imaginar y vivenciar. Ejercicios y experimentos en terapia gestáltica*, Santiago de Chile, Cuatro Vientos Editorial, 2003.

Steinbeck, John, *Las uvas de la ira*, Madrid, Cátedra, 2005.

Bibliografía en inglés

Adams, J. L., *Conceptual Blockbusting*, 4a ed., Cambridge, MA, Perseus, 2001.

Argyris, Chris. "Teaching Smart People How to Learn." *Harvard Business Review*, mayo de 1991, pp. 99-109.

Bandura, Albert, *Self-Efficacy: The Exercise of Control*, Nueva York, W. H. Freeman, 1997.

Braverman, Harry, *Labor and Monopoly Capital*, Nueva York, Monthly Review Press, 1974.

Brown, Tim, *Change by Design: How Design Thinking Transforms Organizations and Inspires Innovation*, Nueva York, HarperCollins, 2009.

Bryan, Christopher J., Gabrielle S. Adams, y Benoît Monin, "When Cheating Would Make You a Cheater: Implicating the Self Prevents Unethical Behavior." *Journal of Experimental Psychology: General* 142, no. 4 (2013), pp. 1001-5.

Collins, Henry M. y Trevor Pinch, *The Golem: What You Should Know About Science*, 2a ed., Nueva York, Cambridge University Press, 2012.

Davidson, Ann, *Alzheimer's, a Love Story: One Year in My Husband's Journey*, Secaucus, NJ, Birch Lane, 1997.

———, *A Curious Kind of Widow*, McKinleyville, CA, Fithian, 2006.

———, "Modified Radical" *New England Journal of Medicine* 321, no. 9 (1989), 619.

———, *Modified Radical and Other Cancer Poems*, Palo Alto, CA, Monday Press, 1990.

Doorley, Scott y Scott Witthoft, *Make Space*, Hoboken, NJ, John Wiley & Sons, 2012.

Fullerton, Gail Putney, *Survival in Marriage*, Nueva York: Holt, Rinehart and Winston, 1972.

Gandhi, Mahatma, *Hind Swaraj or Indian Home Rule*, Ahmedabad, India, Jitendra T. Desai/Navajivan, 1938.

Gordon, William J. J., *Synectics: The Development of Creative Capacity*, Nueva York, Harper, 1961.

Graves, Robert P., *Life of Sir William Rowan Hamilton*, Vol. II, capítulo XXVIII, Dublín, Dublin University Press, 1885.

Kelley, Tom y David Kelley, *Creative Confidence: Unleashing the Creative Potential Within Us All*, Nueva York, Crown Business, 2013.

Kohn, Alfie, *No Contest: The Case Against Competition*, Boston, Houghton Mifflin, 1986.

Kumar, Vijay, *101 Design Methods*, Nueva York, John Wiley & Sons, 2013.

Lewis, Arthur O. Jr., ed., *Of Men and Machines*, Nueva York, E. P. Dutton, 1963.

Oakley, Kenneth P., "Skill as a Human Possession." en *A History of Technology*, eds. Charles Singer, E. J. Holmyard, y A. R. Hall, 1, 2-3, Nueva York, Charles Scribner's Sons, 1954.

Putney, Snell y Gail J. Putney, *The Adjusted American: Normal Neuroses in the Individual and Society*, Nueva York, Harper & Row, 1964.

Swados, Harvey, "Joe, the Vanishing American", *Hudson Review* 10, no. 2 (1957), 201-18.

Vonnegut, Kurt, *Player Piano*, Nueva York, Doubleday, 1952.

Weschler, Lawrence, *Seeing Is Forgetting the Name of the Thing One Sees*, Berkeley, University of California Press, 1982.

Wilde, Douglass, *Teamology: The Construction and Organization of Effective Teams*, Londres, Springer-Verlag, 2009.

El hábito del logro de Bernard Roth
se terminó de imprimir en mayo de 2024
en los talleres de
Impresora Tauro, S.A. de C.V.
Av. Año de Juárez 343, col. Granjas San Antonio,
Ciudad de México